数学导学拓展模块

主　编　齐治学　贾　岩

北京理工大学出版社
BEIJING INSTITUTE OF TECHNOLOGY PRESS

版权专有　侵权必究

图书在版编目（CIP）数据

数学导学拓展模块 / 齐治学，贾岩主编 . — 北京：北京理工大学出版社，2020.1 重印
　ISBN 978-7-5682-6296-5

Ⅰ . ①数… 　Ⅱ . ①齐… ②贾… 　Ⅲ . ①数学课 – 中等专业学校 – 教学参考资料
Ⅳ . ① G634.603

中国版本图书馆 CIP 数据核字（2018）第 206307 号

出版发行 / 北京理工大学出版社有限责任公司
社　　　址 / 北京市海淀区中关村南大街 5 号
邮　　　编 / 100081
电　　　话 / （010）68914775（总编室）
　　　　　　（010）82562903（教材售后服务热线）
　　　　　　（010）68948351（其他图书服务热线）
网　　　址 / http：// www.bitpress.com.cn
经　　　销 / 全国各地新华书店
印　　　刷 / 定州启航印刷有限公司
开　　　本 / 787 毫米 × 1092 毫米　1/16
印　　　张 / 10　　　　　　　　　　　　　　　　　　　　　　责任编辑 / 杜春英
字　　　数 / 202 千字　　　　　　　　　　　　　　　　　　　文案编辑 / 孟祥雪
版　　　次 / 2020 年 1 月第 1 版第 3 次印刷　　　　　　　　　责任校对 / 周瑞红
定　　　价 / 29.00 元　　　　　　　　　　　　　　　　　　　责任印制 / 边心超

图书出现印装质量问题，请拨打售后服务热线，本社负责调换

中等职业教育创优导航文化素养提升系列丛书

编写委员会

主　任　　张志增

委　员　　（按首字汉字笔画排序）

　　　　　于春红　韦玉海　陈宝忠

　　　　　张秀魁　张剑锋　张健智

　　　　　郝玉华　郭建成　黄书林

本书编写组

主　编　　齐治学　贾　岩
副主编　　李玉芹　郝翠芳　王春兰
参　编　　姜树秀　李亚男

  本书是为了帮助学生轻松高效地学好中等职业教育课程改革国家规划新教材《数学》(基础模块)(上册)而开发的学习指导用书.全书紧扣新教材和新教学大纲,突出了职教特色,比较全面、详细地讲解了教材中所有的知识点,突出了重点,突破了难点.本书例题、习题难易适中,可操作性强,材料新颖、注重原创;讲解精当、注重启发.本书力求方法的讲解与技能的训练、能力的提升逐步到位.它既是一本学生的学习指导书,又是一本教师的教学参考书,还可作为学生参加普通高等学校对口招生考试的复习用书.

  本书按照中等职业教育课程改革国家规划新教材《数学》(基础模块)(上册)的章节顺序编写,每节均由以下几个部分构成:

  第一部分,学习目标导航,全面呈现了本节教材的主要学习内容和认知要求,让学生明白本节的学习要求以及努力学习的方向和应达到的程度,便于学生做学习过程中的自我评价.

  第二部分,知识要点梳理,对本节知识做了比较系统的归纳和总结,对教材中的重点、难点和疑点做了恰当的解析,使之各个被击破,以扫清学生学习中的障碍,进而提高学习效率.

  第三部分,典型例题剖析,根据教材内容、学习目标和学生的认知水平,结合相关例题分类剖析了本节教学内容所涵盖的重点题型,帮助学生启发思维,打开解题思路,培养科学的思维方法和推理能力以及运用所学知识解决问题的能力,进而掌握重点,突破难点.

  第四部分,课堂小测试,让学生在练中学,在练中悟,在练中举一反三,触类旁通,积累解题经验,提高解题能力.

本书配有单元检测试卷和期中、期末检测试卷,方便师生使用.书末提供了第四部分中课堂小测试题和单元检测试卷与期中、期末检测试卷的答案或解析,便于学生自学,以引领学生形成良好的学习习惯.

全书注重知识的迁移和能力的培养,坚持"低起点、高品位"的统一,是学生学好数学不可或缺的一本参考书.

本书在编写过程中,得到了广大同人和编者所在单位的支持,在此表示感谢!

虽然我们抱着严谨务实的态度,力求完美,但因水平有限,本书难免存在不足和疏漏之处,敬请各位读者批评指正.如有赐教,请发电子邮件至291589120@qq.com.

编　者

第1章 三角公式及应用 …………………………… 1
  1.1 两角和差的正弦公式与余弦公式 …………… 2
    第1课时 两角和与差的余弦公式………………… 2
    第2课时 两角和与差的正弦公式………………… 5
    第3课时 两角和与差的正切公式………………… 7
    第4课时 二倍角公式 …………………………… 10
  1.2 正弦型函数…………………………………… 13
    第1课时 正弦型函数及其性质 ………………… 13
    第2课时 正弦型曲线 …………………………… 16
  1.3 正弦定理和余弦定理………………………… 20
    第1课时 正弦定理 ……………………………… 21
    第2课时 余弦定理 ……………………………… 23
    第3课时 正余弦定理的应用 …………………… 25
  第1章章节测试 …………………………………… 28

第2章 椭圆、双曲线、抛物线…………………… 32
  2.1 椭圆…………………………………………… 33
    第1课时 椭圆的定义与标准方程 ……………… 33
    第2课时 椭圆的性质 …………………………… 36
  2.2 双曲线………………………………………… 40
    第1课时 双曲线的定义与标准方程 …………… 40
    第2课时 双曲线的性质 ………………………… 44

2.3　抛物线 ………………………………… 48
　　第 1 课时　抛物线的定义 …………… 48
　　第 2 课时　抛物线的性质 …………… 51
2.4　二次曲线综合 ………………………… 54
　　第 2 章章节测试 ……………………… 58

第 3 章　概率与统计 ……………………… 62
3.1　排列与组合 …………………………… 63
　　第 1 课时　排列及排列数的计算 …… 63
　　第 2 课时　排列的应用(1) …………… 66
　　第 3 课时　排列的应用(2) …………… 69
　　第 4 课时　组合及组合数的计算 …… 72
　　第 5 课时　组合的应用 ……………… 74
　　第 6 课时　排列组合的综合应用 …… 78
3.2　二项式定理 …………………………… 81
3.3　离散型随机变量及其分布 …………… 84
3.4　二项分布 ……………………………… 88
　　第 3 章章节测试 ……………………… 92

期末综合测试题 …………………………… 96
综合模拟试题(一) ………………………… 101
综合模拟试题(二) ………………………… 106
综合模拟试题(三) ………………………… 112
参考答案 …………………………………… 118

第 1 章　三角公式及应用

  知识构架

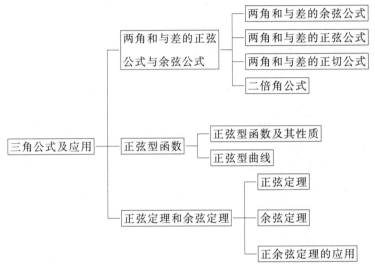

  考纲要求

1. 理解并掌握两角和与差的正弦、余弦、正切公式；理解并掌握二倍角的正弦、余弦、正切公式．

2. 理解并掌握正弦型函数的图像及性质；会利用"五点法"作出正弦型函数的图像；了解正弦型函数解析式与正弦型函数图像之间的关系．

3. 理解并掌握正弦定理和余弦定理，会运用定理解三角形，会利用三角公式计算、解决一些生活与生产中的实际应用问题．

1.1 两角和差的正弦公式与余弦公式

学习目标导航

1. 理解并掌握两角和与差的正弦、余弦、正切公式.
2. 理解并掌握二倍角的正弦、余弦、正切公式.
3. 能够正确运用公式进行简单的三角函数的计算和化简.

第 1 课时 两角和与差的余弦公式

知识要点梳理

一、两角和差的余弦公式

$$\cos(\alpha+\beta)=\cos\alpha\cos\beta-\sin\alpha\sin\beta$$

$$\cos(\alpha-\beta)=\cos\alpha\cos\beta+\sin\alpha\sin\beta$$

二、互余两角的正、余弦关系式

$$\cos\left(\frac{\pi}{2}-\alpha\right)=\sin\alpha$$

$$\sin\left(\frac{\pi}{2}-\alpha\right)=\cos\alpha$$

典型例题剖析

例 1 求值：

(1) $\cos 102°\cos 42°+\sin 102°\sin 42°$；   (2) $\cos 12°\cos 108°-\sin 12°\cos 18°$.

解析 (1) 根据两角差的余弦公式的逆用,原式 $=\cos(102°-42°)=\cos 60°=\dfrac{1}{2}$.

(2) 先利用公式 $\cos\left(\dfrac{\pi}{2}-\alpha\right)=\sin\alpha$ 将 $\cos 18°$ 转化为 $\sin 72°$,再将 $\sin 72°$ 转化为 $\sin 108°$,使原式符合两角和的余弦公式结构,从而可逆用公式,原式 $=\cos 12°\cos 108°-\sin 12°\cos 108°=\cos 120°=-\dfrac{1}{2}$.

例 2 已知 $\cos(\alpha+\beta)=\dfrac{3}{5},\cos(\beta-\alpha)=\dfrac{12}{13}$,且 $0<\beta<\alpha<\dfrac{\pi}{2}$,求 $\cos 2\alpha$ 的值.

解析 本题的解题突破点是把$(\alpha+\beta)$和$(\beta-\alpha)$各看成一个整体，则$2\alpha=(\alpha+\beta)-(\beta-\alpha)$，从而$\cos 2\alpha$就可以运用两角差的余弦公式求解.

解 因为$\cos(\alpha+\beta)=\dfrac{3}{5}$，$0<\alpha+\beta<\pi$，所以$\sin(\alpha+\beta)=\dfrac{4}{5}$.

又因为$\cos(\beta-\alpha)=\dfrac{12}{13}$，且$-\dfrac{\pi}{2}<\beta-\alpha<0$，所以$\sin(\beta-\alpha)=-\dfrac{5}{13}$，所以

$$\begin{aligned}\cos 2\alpha &= \cos[(\alpha+\beta)-(\beta-\alpha)] \\ &= \cos(\alpha+\beta)\cdot\cos(\beta-\alpha)+\sin(\alpha+\beta)\cdot\sin(\beta-\alpha) \\ &= \dfrac{3}{5}\times\dfrac{12}{13}+\dfrac{4}{5}\times\left(-\dfrac{5}{13}\right) \\ &= \dfrac{16}{65}\end{aligned}$$

课堂小测试

一、选择题

1. $\cos 15°=($ 　　$)$.

    A. $\dfrac{\sqrt{3}}{4}$ B. $\dfrac{1}{4}$ C. $\dfrac{\sqrt{6}+\sqrt{2}}{4}$ D. $\dfrac{\sqrt{6}-\sqrt{2}}{4}$

2. $\sin 108°\sin 42°-\cos 108°\sin 48°=($ 　　$)$.

    A. 1 B. $\dfrac{1}{2}$ C. $\dfrac{\sqrt{2}}{2}$ D. $\dfrac{\sqrt{3}}{2}$

3. 已知$\cos\alpha=\dfrac{4}{5}$，且$0<\alpha<\dfrac{\pi}{2}$，则$\cos\left(\alpha+\dfrac{\pi}{4}\right)$的值为(　　).

    A. $\dfrac{1}{2}$ B. $\dfrac{\sqrt{2}}{10}$ C. $-\dfrac{\sqrt{5}}{10}$ D. $-\dfrac{\sqrt{2}}{10}$

4. 已知$\sin\alpha=\dfrac{3}{5}$，$\cos\beta=-\dfrac{4}{5}$，且$\alpha\in\left(\dfrac{\pi}{2},\pi\right)$，$\beta\in\left(\pi,\dfrac{3\pi}{2}\right)$，则$\cos(\alpha-\beta)=($ 　　$)$.

    A. $\dfrac{7}{25}$ B. $-\dfrac{24}{25}$ C. $\dfrac{1}{2}$ D. 1

5. 已知α、β为锐角，$\cos\alpha=\dfrac{4}{5}$，$\cos(\alpha+\beta)=-\dfrac{12}{13}$，则$\cos\beta=($ 　　$)$.

    A. $\dfrac{48}{65}$ B. $-\dfrac{24}{65}$ C. $\dfrac{3}{13}$ D. $-\dfrac{33}{65}$

二、填空题

6. $\cos 75°=$ ＿＿＿＿＿＿．

7. 化简：

(1) $\cos(x-y)\cos y - \sin(x-y)\sin y =$ _____ ；

(2) $\cos(80°+2\theta)\cos(35°+2\theta) + \sin(80°+2\theta)\sin(35°+2\theta) =$ _____ .

8. 已知 $\sin\alpha = \dfrac{3}{5}$，且 $0 < \alpha < \dfrac{\pi}{2}$，则 $\cos\left(\alpha - \dfrac{\pi}{3}\right) =$ _____ .

9. 已知 $\sin\alpha = -\dfrac{4}{5}$，$\cos\beta = \dfrac{12}{13}$，且 $\alpha \in \left(\pi, \dfrac{3\pi}{2}\right)$，$\beta \in \left(\dfrac{3\pi}{2}, 2\pi\right)$，则 $\cos(\alpha+\beta) =$ _____ .

10. 已知 α、β 为锐角，$\cos(\alpha+\beta) = \dfrac{3}{5}$，$\cos(\alpha-\beta) = \dfrac{4}{5}$，则 $\cos 2\beta =$ _____ .

三、解答题

11. 不用计算器计算 $\cos 105°$ 的值.

12. 化简：

(1) $\cos 77° \cos 47° + \sin 77° \sin 47°$； (2) $\cos 43° \cos 77° - \sin 43° \cos 13°$.

13. 已知 $\sin(\alpha+\beta) = -\dfrac{3}{5}$，$\sin(\alpha-\beta) = \dfrac{12}{13}$，$(\alpha+\beta) \in \left(\dfrac{3\pi}{2}, 2\pi\right)$，$(\alpha-\beta) \in \left(\dfrac{\pi}{2}, \pi\right)$，求 $\cos 2\alpha$ 与 $\cos 2\beta$ 的值.

第2课时 两角和与差的正弦公式

知识要点梳理

两角和与差的正弦公式：
$$\sin(\alpha+\beta)=\sin\alpha\cos\beta+\cos\alpha\sin\beta$$
$$\sin(\alpha-\beta)=\sin\alpha\cos\beta-\cos\alpha\sin\beta$$

典型例题剖析

例1 求值：

(1) $\sin 87°\cos 42°-\cos 87°\sin 42°$； (2) $\sin 12°\sin 72°+\cos 12°\sin 18°$.

解析 (1) 根据两角差的正弦公式的逆用，原式 $=\sin(87°-42°)=\sin 45°=\dfrac{\sqrt{2}}{2}$.

(2) 先利用公式 $\sin\left(\dfrac{\pi}{2}-\alpha\right)=\cos\alpha$ 将 $\sin 72°$ 转化为 $\cos 18°$，使原式符合两角和的正弦公式结构，从而可逆用该公式，原式 $=\sin 12°\cos 18°+\cos 12°\sin 18°=\sin 30°=\dfrac{1}{2}$.

例2 已知 $\cos\alpha=\dfrac{3}{5}$，$\sin(\alpha-\beta)=-\dfrac{\sqrt{5}}{5}$，且 $\alpha\in\left(0,\dfrac{\pi}{2}\right)$，$\alpha-\beta\in\left(-\dfrac{\pi}{2},0\right)$，求 $\sin\beta$ 的值.

解析 本题的解题突破点是把 $(\alpha-\beta)$ 看成一个整体，则 $\beta=\alpha-(\alpha-\beta)$，从而 $\sin\beta$ 就可以运用两角差的正弦公式求解.

解 因为 $\cos\alpha=\dfrac{3}{5}$，$\alpha\in\left(0,\dfrac{\pi}{2}\right)$，所以 $\sin\alpha=\dfrac{4}{5}$.

又因为 $\sin(\alpha-\beta)=-\dfrac{\sqrt{5}}{5}$，且 $\alpha-\beta\in\left(-\dfrac{\pi}{2},0\right)$，所以 $\cos(\alpha-\beta)=\dfrac{2\sqrt{5}}{5}$.

所以 $\sin\beta=\sin[\alpha-(\alpha-\beta)]=\sin\alpha\cdot\cos(\alpha-\beta)-\cos\alpha\cdot\sin(\alpha-\beta)=\dfrac{4}{5}\times\dfrac{2\sqrt{5}}{5}-\dfrac{3}{5}\times\left(-\dfrac{\sqrt{5}}{5}\right)=\dfrac{11\sqrt{5}}{25}$.

课堂小测试

一、选择题

1. $\sin 15°=$ （　　）．

A. $\dfrac{\sqrt{3}}{4}$ B. $\dfrac{1}{4}$ C. $\dfrac{\sqrt{6}+\sqrt{2}}{4}$ D. $\dfrac{\sqrt{6}-\sqrt{2}}{4}$

2. $\sin 108°\cos 48°-\cos 108°\cos 42°=(\quad)$.

A. 1 B. $\dfrac{1}{2}$ C. $\dfrac{\sqrt{2}}{2}$ D. $\dfrac{\sqrt{3}}{2}$

3. 已知 $\sin \alpha=\dfrac{4}{5}$，且 $0<\alpha<\dfrac{\pi}{2}$，则 $\sin\left(\alpha+\dfrac{\pi}{6}\right)$ 的值为（　　）.

A. $\dfrac{3}{10}$ B. $-\dfrac{4\sqrt{3}-3}{10}$ C. $\dfrac{4\sqrt{3}+3}{10}$ D. $-\dfrac{4\sqrt{3}}{10}$

4. 已知 $\sin \alpha=\dfrac{3}{5}$，$\cos \beta=-\dfrac{4}{5}$，且 $\alpha\in\left(\dfrac{\pi}{2},\pi\right)$，$\beta\in\left(\pi,\dfrac{3\pi}{2}\right)$，则 $\sin(\alpha-\beta)=(\quad)$.

A. $\dfrac{7}{25}$ B. $-\dfrac{24}{25}$ C. $\dfrac{1}{2}$ D. 1

5. 已知 α、β 为锐角，$\sin \alpha=\dfrac{4}{5}$，$\cos(\alpha+\beta)=-\dfrac{12}{13}$，则 $\sin \beta=(\quad)$.

A. $\dfrac{63}{65}$ B. $-\dfrac{33}{65}$ C. $\dfrac{48}{65}$ D. $-\dfrac{13}{65}$

二、填空题

6. $\sin 75°=$ _____.

7. 化简：

(1) $\sin(x+y)\cos y-\cos(x+y)\sin y=$ _____；

(2) $\sin 25°\cos 35°+\cos 25°\sin 35°=$ _____.

8. 已知 $\sin \alpha=\dfrac{3}{5}$，且 $\dfrac{\pi}{2}<\alpha<\pi$，则 $\sin\left(\alpha-\dfrac{\pi}{6}\right)=$ _____.

9. 已知 $\sin \alpha=-\dfrac{4}{5}$，$\cos \beta=\dfrac{12}{13}$，且 $\alpha\in\left(\pi,\dfrac{3\pi}{2}\right)$，$\beta\in\left(\dfrac{3\pi}{2},2\pi\right)$，则 $\sin(\alpha+\beta)=$ _____.

10. 已知 α、β 为锐角，$\cos(\alpha+\beta)=\dfrac{3}{5}$，$\cos(\alpha-\beta)=\dfrac{4}{5}$，则 $\sin 2\alpha=$ _____.

三、解答题

11. 不用计算器计算 $\sin 105°$ 的值.

12. 化简：

(1) $\sin 83°\cos 38° - \cos 83°\sin 38°$；　　　(2) $\cos 77°\cos 47° + \cos 13°\sin 47°$．

13. 已知 $\sin(\alpha+\beta) = -\dfrac{3}{5}$，$\sin(\alpha-\beta) = \dfrac{1}{2}$，$(\alpha+\beta) \in \left(\dfrac{3\pi}{2}, 2\pi\right)$，$(\alpha-\beta) \in \left(0, \dfrac{\pi}{2}\right)$，求 $\sin 2\alpha$ 与 $\sin 2\beta$ 的值．

第 3 课时　两角和与差的正切公式

知识要点梳理

一、两角和与差的正切公式

$$\tan(\alpha+\beta) = \frac{\tan\alpha + \tan\beta}{1 - \tan\alpha\tan\beta}$$

$$\tan(\alpha-\beta) = \frac{\tan\alpha - \tan\beta}{1 + \tan\alpha\tan\beta}$$

二、公式变形

$$\tan\alpha + \tan\beta = \tan(\alpha+\beta) \cdot (1 - \tan\alpha\tan\beta)$$

$$\tan\alpha - \tan\beta = \tan(\alpha-\beta) \cdot (1 + \tan\alpha\tan\beta)$$

典型例题剖析

例 1　求值：

(1) $\dfrac{\tan 25° + \tan 35°}{1 - \tan 25°\tan 35°}$；　　(2) $\tan 20° + \tan 40° + \sqrt{3}\tan 20°\tan 40°$．

解析 （1）根据两角和的正切公式的逆用，原式$=\tan(25°+35°)=\tan 60°=\sqrt{3}$.

（2）先利用公式$\tan\alpha+\tan\beta=\tan(\alpha+\beta)\cdot(1-\tan\alpha\tan\beta)$将$\tan 20°+\tan 40°$转化为$\tan(20°+40°)\cdot(1-\tan 20°\tan 40°)$，就可以得到特殊角的三角函数值$\tan 60°=\sqrt{3}$，则

$$\begin{aligned}原式&=\tan(20°+40°)\cdot(1-\tan 20°\tan 40°)+\sqrt{3}\tan 20°\tan 40°\\&=\tan 60°(1-\tan 20°\tan 40°)+\sqrt{3}\tan 20°\tan 40°\\&=\sqrt{3}(1-\tan 20°\tan 40°)+\sqrt{3}\tan 20°\tan 40°\\&=\sqrt{3}\end{aligned}$$

例 2 求值：$\dfrac{1+\tan 15°}{1-\tan 15°}$.

解析 数1可以写成$\tan 45°$，而角$45°$与角$15°$的和或差均为特殊角，则

原式$=\dfrac{\tan 45°+\tan 15°}{1-\tan 45°\tan 15°}=\tan(45°+15°)=\tan 60°=\sqrt{3}$

课堂小测试

一、选择题

1. $\tan 15°=($ $)$.

   A. $\dfrac{2\sqrt{3}}{3}$　　　B. $2-\sqrt{3}$　　　C. $2+\sqrt{3}$　　　D. $-2-\sqrt{3}$

2. $\dfrac{\tan 80°+\tan 55°}{1-\tan 80°\tan 55°}=($ $)$.

   A. 1　　　B. $\sqrt{3}$　　　C. -1　　　D. $\dfrac{\sqrt{3}}{2}$

3. 已知$\sin\alpha=\dfrac{4}{5}$，且$0<\alpha<\dfrac{\pi}{2}$，则$\tan\left(\alpha+\dfrac{\pi}{4}\right)$的值为（   ）.

   A. -7　　　B. $\dfrac{7}{3}$　　　C. $\dfrac{3}{5}$　　　D. -1

4. 已知α、β为锐角，$\tan\alpha=2$，$\tan(\alpha+\beta)=-1$，则$\tan\beta=($ $)$.

   A. 0　　　B. 1　　　C. 2　　　D. 3

5. 已知$\dfrac{1-\tan A}{1+\tan A}=\sqrt{5}$，则$\tan\left(\dfrac{\pi}{4}+A\right)=($ $)$.

   A. $\dfrac{\sqrt{5}}{5}$　　　B. $-\dfrac{\sqrt{5}}{5}$　　　C. $\sqrt{5}$　　　D. 1

二、填空题

6. $\tan 75°=$ _____ .

7. 化简：$\dfrac{\cos 15°+\sin 15°}{\cos 15°-\sin 15°}=$ _____.

8. $\tan 19°+\tan 41°+\sqrt{3}\tan 19°\tan 41°=$ _____.

9. 已知 $\tan(\alpha+\beta)=2$，$\tan(\alpha-\beta)=3$，则 $\tan 2\alpha=$ _____，$\tan 2\beta=$ _____.

10. 若 $\tan\beta$、$\tan\alpha$ 分别为方程 $x^2-(2+\sqrt{3})x-(2-\sqrt{3})=0$ 的两个根，则 $\tan(\alpha+\beta)=$ _____.

三、解答题

11. 不用计算器计算 $\tan 105°$ 的值.

12. 已知 $\tan\beta$、$\tan\alpha$ 分别为方程 $6x^2-5x+1=0$ 的两个根，且 $0<\alpha<\dfrac{\pi}{2}$，$\pi<\beta<\dfrac{3\pi}{2}$，求 $\alpha+\beta$ 的大小.

13. 已知 $\sin\alpha=\dfrac{3}{5}$，$\cos\beta=-\dfrac{4}{5}$，且 $\alpha\in\left(\dfrac{\pi}{2},\pi\right)$，$\beta\in\left(\pi,\dfrac{3\pi}{2}\right)$，求 $\tan(\alpha-\beta)$.

第4课时 二倍角公式

知识要点梳理

一、二倍角公式

$$\sin 2\alpha = 2\sin\alpha\cos\alpha$$
$$\cos 2\alpha = \cos^2\alpha - \sin^2\alpha$$
$$= 2\cos^2\alpha - 1$$
$$= 1 - 2\sin^2\alpha$$
$$\tan 2\alpha = \frac{2\tan\alpha}{1-\tan^2\alpha}$$

二、公式变形

$$\sin^2\frac{\alpha}{2} = \frac{1-\cos\alpha}{2}$$
$$\cos^2\frac{\alpha}{2} = \frac{1+\cos\alpha}{2}$$

$\left(\text{注：半角公式也可写成 }\sin^2\alpha = \dfrac{1-\cos 2\alpha}{2}, \cos^2\alpha = \dfrac{1+\cos 2\alpha}{2}\right)$

三、同角正、余弦的和、差与积之间的关系式

$$(\sin\alpha \pm \cos\alpha)^2 = 1 \pm 2\sin\alpha\cos\alpha = 1 \pm \sin 2\alpha$$

典型例题剖析

例 1 求值：

(1) $2\sin\dfrac{\pi}{8}\cos\dfrac{\pi}{8}$； (2) $1-2\sin^2\dfrac{3\pi}{8}$； (3) $\dfrac{2\tan 75°}{1-\tan^2 75°}$.

解析 (1)根据二倍角的正弦公式的逆用，原式 $=\sin\left(2\times\dfrac{\pi}{8}\right)=\sin\dfrac{\pi}{4}=\dfrac{\sqrt{2}}{2}$；

(2)根据二倍角的余弦公式的逆用，原式 $=\cos\left(2\times\dfrac{3\pi}{8}\right)=\cos\dfrac{3\pi}{4}=-\dfrac{\sqrt{2}}{2}$；

(3)根据二倍角的正切公式的逆用，原式 $=\tan(2\times 75°)=\tan 150°=-\dfrac{\sqrt{3}}{3}$.

例 2 已知 $\sin\theta=\dfrac{3}{5}$，且 $\dfrac{\pi}{2}<\theta<\pi$，求 $\sin 2\theta$、$\cos 4\theta$ 与 $\sin\dfrac{\theta}{2}$ 的值.

解析 本题的求解关键是认识到二倍是相对概念，2θ 是 θ 的二倍角，4θ 则是 2θ 的二倍角,而 $\frac{\theta}{2}$ 的二倍角则为 θ.

解 由 $\sin\theta=\frac{3}{5},\frac{\pi}{2}<\theta<\pi$,得 $\cos\theta=-\sqrt{1-\sin^2\theta}=-\sqrt{1-\left(\frac{3}{5}\right)^2}=-\frac{4}{5}$.

所以 $\sin 2\theta=2\sin\theta\cos\theta=2\times\frac{3}{5}\times\left(-\frac{4}{5}\right)=-\frac{24}{25}$;

$\cos 4\theta=1-2\sin^2 2\theta=1-2\times\left(-\frac{24}{25}\right)^2=-\frac{527}{625}$.

又因为 $\sin^2\frac{\theta}{2}=\frac{1-\cos\theta}{2}=\frac{1-\left(-\frac{4}{5}\right)}{2}=\frac{9}{10}$,且由 $\frac{\pi}{2}<\theta<\pi$,得 $\frac{\pi}{4}<\frac{\theta}{2}<\frac{\pi}{2}$.

所以 $\sin\frac{\theta}{2}=\sqrt{\frac{9}{10}}=\frac{3\sqrt{10}}{10}$.

例3 已知 $\tan\alpha=2$,求 $\frac{\sin 2\alpha-\cos 2\alpha}{\cos^2\alpha}$ 的值.

解析 在进行三角函数代数式的化简过程中,通常遵循的原则是:减少三角函数类型,减少角的种数,能求值的要求值.

解 原式 $=\frac{2\sin\alpha\cos\alpha-(\cos^2\alpha-\sin^2\alpha)}{\cos^2\alpha}$

$=\frac{2\tan\alpha-1+\tan^2\alpha}{1}$(注:分子与分母同时除以 $\cos^2\alpha$)

$=2\times 2-1+4=7$

课堂小测试

一、选择题

1. 化简: $\cos^2\frac{\pi}{8}-\sin^2\frac{\pi}{8}=$ (   ).

   A. $\frac{1}{2}$　　　　B. $\frac{\sqrt{2}}{2}$　　　　C. $\frac{\sqrt{3}}{2}$　　　　D. $\sqrt{3}$

2. 化简: $\cos^4\frac{\theta}{2}-\sin^4\frac{\theta}{2}=$ (   ).

   A. $\sin 2\theta$　　　B. $\cos 2\theta$　　　C. $\sin\theta$　　　D. $\cos\theta$

3. 化简: $\frac{1}{\sin 10°}-\frac{\sqrt{3}}{\cos 10°}=$ (   ).

   A. 2　　　　　　B. 3　　　　　　C. 4　　　　　　D. 1

4. 已知 $\sin\alpha=\frac{4}{5}$,且 $0<\alpha<\frac{\pi}{2}$,则 $\sin\frac{\alpha}{2}$ 的值为(   ).

A. $\dfrac{\sqrt{5}}{5}$ B. $\dfrac{2\sqrt{2}}{5}$ C. $\dfrac{3}{5}$ D. $\dfrac{4}{5}$

5. 已知 $\sin\alpha=\dfrac{5}{13}$,且 $\dfrac{\pi}{2}<\alpha<\pi$,则 $\tan\dfrac{\alpha}{2}$ 的值等于(　　).

A. $\dfrac{1}{5}$ B. 5 C. 5 或 $\dfrac{1}{5}$ D. -5 或 $\dfrac{1}{5}$

二、填空题

6. $\dfrac{1}{4}-\dfrac{1}{2}\sin^2 15°=$ _____.

7. 化简:$\left(\sin\dfrac{\alpha}{2}+\cos\dfrac{\alpha}{2}\right)^2=$ _____.

8. 已知函数 $f(\tan x)=\tan 2x$,则 $f(2)=$ _____.

9. 在 $\triangle ABC$ 中,已知 $\cos A=-\dfrac{3}{5}$,则 $\sin\dfrac{A}{2}$ 的值为 _____.

10. 已知 $\cos\dfrac{\alpha}{2}=-\dfrac{1}{3}$,且 $\alpha\in(\pi,2\pi)$,则 $\tan\alpha=$ _____.

三、解答题

11. 化简:$\dfrac{1}{1-\tan 75°}-\dfrac{1}{1+\tan 75°}$.

12. 已知 $\sin\alpha+\cos\alpha=\dfrac{\sqrt{2}}{2}$,求 $\cos 4\alpha$ 的值.

13. 证明：$\dfrac{2\cos\left(\dfrac{\pi}{2}-\alpha\right)+\sin(\pi+2\alpha)}{2\sin(6\pi+\alpha)-\sin(-2\alpha)}=\tan^2\dfrac{\alpha}{2}$.

1.2 正弦型函数

学习目标导航

1. 掌握正弦型函数的解析式，能够利用所学知识将一个给定的函数转化成正弦型函数.

2. 理解并掌握正弦型函数的性质，理解正弦型函数的系数 A、ω、φ 的意义.

3. 会求正弦型函数的最值及相应角的取值，了解正弦型函数解析式与正弦函数图像之间的关系，了解"五点法"作图.

第 1 课时　正弦型函数及其性质

知识要点梳理

一、正弦型函数的定义

形如 $y=A\sin(\omega x+\varphi)$ 的函数叫作正弦型函数.

二、正弦型函数的性质

1. 定义域是 **R**；

2. 当 $A>0$ 时，值域是 $[-A,A]$，最大值是 A，最小值是 $-A$；

3. 最小正周期是 $T=\dfrac{2\pi}{\omega}(\omega>0)$.

三、函数 $y=a\sin x+b\cos x$ 的变形

$y=a\sin x+b\cos x=\sqrt{a^2+b^2}\sin(x+\varphi)$，其中 φ 的值可由 $\tan\varphi=\dfrac{b}{a}$ 确定.

典型例题剖析

例 1 函数 $y=\sin x\sin(\frac{3\pi}{2}-x)$ 的最小正周期是( ).

A. $\frac{\pi}{2}$ B. π C. $\frac{3\pi}{2}$ D. 2π

解析 利用诱导公式将 $\sin\left(\frac{3\pi}{2}-x\right)$ 化成 $-\cos x$,则原函数解析式就具备同角正、余弦乘积的形式,从而可以进一步利用二倍角的正弦公式将其转化为正弦型函数,具体方法如下:

$$y=\sin x\sin\left(\frac{3\pi}{2}-x\right)=\sin x(-\cos x)=-\frac{1}{2}\sin 2x,$$ 因此原函数的最小正周期为 $\frac{2\pi}{2}=\pi$,正确选项是 B.

例 2 已知函数 $y=\sin\left(\frac{\pi}{6}-2x\right)+\cos 2x$,

(1)将已知函数化为 $y=A\sin(\omega x+\varphi)\left(\omega>0,|\theta|\leqslant\frac{\pi}{2}\right)$ 的形式;

(2)写出函数的最小正周期;

(3)当 x 为何值时函数有最大值?最大值是多少?

解析 本题属于三角变换与三角函数的性质相结合的题目,一般要将原函数先转化为正弦型函数,再利用其性质解决问题.

解 (1) $y=\sin\left(\frac{\pi}{6}-2x\right)+\cos 2x=\sin\frac{\pi}{6}\cos 2x-\cos\frac{\pi}{6}\sin 2x+\cos 2x=\frac{1}{2}\cos 2x-\frac{\sqrt{3}}{2}\sin 2x+\cos 2x=-\frac{\sqrt{3}}{2}\sin 2x+\frac{3}{2}\cos 2x=-\sqrt{3}\left(\frac{1}{2}\sin 2x-\frac{\sqrt{3}}{2}\cos 2x\right)=-\sqrt{3}\cdot\sin\left(2x-\frac{\pi}{3}\right).$

(2)函数最小正周期是 π.

(3)当 $2x-\frac{\pi}{3}=2k\pi-\frac{\pi}{2}(k\in\mathbf{Z})$,即 $x=k\pi-\frac{\pi}{12}(k\in\mathbf{Z})$ 时,函数取得最大值 $\sqrt{3}$.

 课堂小测试

一、选择题

1. 函数 $y=\cos x+\sqrt{3}\sin x$ 的最小值为( ).

A. $\dfrac{1}{2}$ B. -1 C. -2 D. $-1-\sqrt{3}$

2. 函数 $y=\sin 2x\cos 2x$ 的最小正周期是（　　）．

A. 4π B. 2π C. π D. $\dfrac{\pi}{2}$

3. 下列函数中，周期为 π 的奇函数是（　　）．

A. $y=\sin x \cdot \cos x$ B. $y=\cos^2 x-\sin^2 x$

C. $y=\sin 2x-\cos 2x$ D. $y=\cos\left(\dfrac{\pi}{2}-x\right)$

4. 函数 $y=4-2\sin 3x(x\in \mathbf{R})$ 的值域是（　　）．

A. $[-4,4]$ B. $[2,6]$ C. $[-2,10]$ D. $[-1,1]$

5. $\sin 80°-\sqrt{3}\cos 80°-2\sin 20°$ 的值为（　　）．

A. 0 B. 1 C. $4\sin 20°$ D. $-2\sin 20°$

二、填空题

6. 函数 $y=\dfrac{1}{2}\sin x$ 的最大值是 _____．

7. 函数 $y=2\sqrt{3}\sin(3\pi-x)-2\cos(5\pi+x)$ 的值域为 _____．

8. 已知函数 $y=\sin(\omega x)\cos(\omega x)$，其中 $\omega>0$，它的最小正周期为 4π，则 $\omega=$ _____．

9. 当 $x=$ _____ 时，函数 $y=3\sin\left(2x-\dfrac{\pi}{6}\right)$ 取最小值 _____．

10. 函数 $y=\sin^2 x-3\sin x+2$ 的最大值是 _____．

三、解答题

11. 将下列函数化成正弦型函数：

(1) $y=\sin x\cos x$； (2) $y=\sin 2x+\cos 2x$； (3) $y=\sin\dfrac{x}{2}-\sqrt{3}\cos\dfrac{x}{2}$．

12. 函数 $y=\sqrt{3}\sin x\cos x+\cos(\pi+x)\cos x$,

(1) 求此函数的最小正周期;

(2) 当 x 取何值时, y 有最大值? 最大值为多少?

13. 已知 $y=\sqrt{3}\cos 2x+3\sin 2x$. 求:

(1) 函数的值域;

(2) 函数的最小正周期;

(3) 函数取得最大值时 x 的集合.

第 2 课时　正弦型曲线

知识要点梳理

一、正弦型曲线

正弦型函数 $y=A\sin(\omega x+\varphi)$ 的图像叫作正弦型曲线.

二、正弦型函数中的几个常见量

在物理中涉及的正弦型函数 $y=A\sin(\omega x+\varphi)(x\in[0,+\infty),A>0,\omega>0)$ 表示振动量, 其中 x 表示振动的**时间**, y 表示离开平衡位置的**位移**, A 表示振动的**振幅**, $T=\dfrac{2\pi}{\omega}$ 表示振动的**周期**, $f=\dfrac{1}{T}=\dfrac{\omega}{2\pi}$ 叫作振动的**频率**, $\omega x+\varphi$ 叫作**相位**, φ 叫作**初相**.

三、"五点法"作的 $y=A\sin(\omega x+\varphi)(A>0,\omega>0)$ 简图

五点的取法是: 令 $\omega x+\varphi$ 分别为 $0,\dfrac{\pi}{2},\pi,\dfrac{3\pi}{2},2\pi$, 依次得到这五个点对应的横坐标,

将 A 依次与 0,1,0,-1,0 相乘,得到五个点对应的纵坐标,即为 $\left(-\frac{\varphi}{\omega},0\right)$, $\left(-\frac{\varphi}{\omega}+\frac{T}{4},A\right)$, $\left(-\frac{\varphi}{\omega}+\frac{T}{2},0\right)$, $\left(-\frac{\varphi}{\omega}+\frac{3T}{4},-A\right)$, $\left(-\frac{\varphi}{\omega}+T,0\right)$.

四、函数 $y=A\sin(\omega x+\varphi)(A>0,\omega>0)$ 的图像与函数 $y=\sin x$ 图像的关系

1. $y=\sin x$ $\xrightarrow{\text{图像上每一点的横坐标缩短(当}\omega>1\text{)或伸长(当}0<\omega<1\text{)到原来的}\frac{1}{\omega}\text{倍,纵坐标不变}}$ $y=\sin\omega x$.

2. $y=\sin x$ $\xrightarrow{\text{图像上每一点的纵坐标伸长(当}A>1\text{)或缩短(当}0<A<1\text{)到原来的}A\text{倍,横坐标不变}}$ $y=A\sin x$.

3. $y=\sin x$ $\xrightarrow{\text{图像沿}x\text{轴向左(当}\varphi>0\text{)或向右(当}\varphi<0\text{)平移}|\varphi|\text{个单位}}$ $y=\sin(x+\varphi)$.

4. $y=\sin x$ $\xrightarrow{\text{图像上每一点的横坐标缩短(当}\omega>1\text{)或伸长(当}0<\omega<1\text{)到原来的}\frac{1}{\omega}\text{倍,纵坐标不变}}$ $y=\sin\omega x$
$\xrightarrow{\text{图像上每一点的纵坐标伸长(当}A>1\text{)或缩短(当}0<A<1\text{)到原来的}A\text{倍,横坐标不变}}$ $y=A\sin\omega x$
$\xrightarrow{\text{图像沿}x\text{轴向左(当}\varphi>0\text{)或向右(当}\varphi<0\text{)平移}\left|\frac{\varphi}{\omega}\right|\text{个单位}}$ $y=A\sin\left[\omega\left(x+\frac{\varphi}{\omega}\right)\right]$,即 $y=A\sin(\omega x+\varphi)$.

五、单调性

当正弦型函数 $y=A\sin(\omega x+\varphi)(A>0)$ 中的 $-\frac{\pi}{2}+2k\pi<\omega x+\varphi<\frac{\pi}{2}+2k\pi(k\in\mathbf{Z})$ 时,该函数是增函数,当 $\frac{\pi}{2}+2k\pi<\omega x+\varphi<\frac{3\pi}{2}+2k\pi(k\in\mathbf{Z})$ 时,该函数是减函数.

典型例题剖析

例 1 函数 $y=2\sin 2x$ 的图像向右平移 $\frac{\pi}{6}$ 个单位后得到的图像解析式是( ).

A. $y=2\sin\left(2x+\frac{\pi}{6}\right)$ B. $y=2\sin\left(2x-\frac{\pi}{6}\right)$

C. $y=2\sin\left(2x-\frac{\pi}{3}\right)$ D. $y=2\sin\left(2x+\frac{\pi}{3}\right)$

解析 本题考查函数图像的平移变换,应在自变量 x 后"左加右减",具体方法如下:
$y=2\sin\left[2\left(x-\frac{\pi}{6}\right)\right]=2\sin\left(2x-\frac{\pi}{3}\right)$,所以正确选项是 C.

例 2 观察正弦型函数 $y=A\sin(\omega x+\varphi)$(其中 $A>0,\omega>0$, $|\varphi|<\frac{\pi}{2}$)在一个周期内的简图,求该函数的解析式.

解析 由该函数在一个周期内的简图可以求出振幅、周期及起点横坐标,进而求出该函数的解析式.

解 由图可知,$A=2$,$T=\dfrac{5\pi}{6}-\left(-\dfrac{\pi}{6}\right)=\pi$,因此$\dfrac{2\pi}{\omega}=\pi$,则$\omega=2$,又有起点$-\dfrac{\varphi}{\omega}=-\dfrac{\pi}{6}$,所以$\varphi=\dfrac{\pi}{3}$,因此该函数的解析式为$y=2\sin\left(2x+\dfrac{\pi}{3}\right)$.

课堂小测试

一、选择题

1. 要得到函数$y=5\sin\left(2x+\dfrac{\pi}{3}\right)$的图像,只需将函数$y=5\sin 2x$的图像(　　).

　　A. 向左平移$\dfrac{\pi}{3}$个单位　　　　B. 向右平移$\dfrac{\pi}{3}$个单位

　　C. 向左平移$\dfrac{\pi}{6}$个单位　　　　D. 向右平移$\dfrac{\pi}{6}$个单位

2. 要得到函数$y=\sqrt{2}\sin\left(x+\dfrac{\pi}{4}\right)$的图像,只需将函数$y=\sqrt{2}\sin 2x$的图像上所有的点的(　　).

　　A. 横坐标缩短到原来的$\dfrac{1}{2}$(纵坐标不变),再向左平移$\dfrac{\pi}{8}$个单位

　　B. 横坐标缩短到原来的$\dfrac{1}{2}$(纵坐标不变),再向左平移$\dfrac{\pi}{4}$个单位

　　C. 横坐标伸长到原来的2倍(纵坐标不变),再向左平移$\dfrac{\pi}{4}$个单位

　　D. 横坐标伸长到原来的2倍(纵坐标不变),再向右平移$\dfrac{\pi}{4}$个单位

3. 把函数$y=\sin x$的图像向左或向右平移$\dfrac{\pi}{2}$个单位,得到的函数是(　　).

　　A. $y=\cos x$　　　　　　B. $y=-\cos x$

　　C. $y=|\cos x|$　　　　　D. $y=\cos x$ 或 $y=-\cos x$

4. 函数$y=A\sin(\omega x+\varphi)$一个周期内图像的最高点的坐标为$\left(\dfrac{\pi}{12},3\right)$,最低点的坐标为$\left(\dfrac{7\pi}{12},-3\right)$,则$\omega$和$\varphi$的值分别为(　　).

　　A. $\dfrac{1}{2}$和$\dfrac{\pi}{3}$　　B. 2和$\dfrac{\pi}{6}$　　C. 2和$\dfrac{\pi}{3}$　　D. 1和$\dfrac{\pi}{3}$

5. 一个周期内的正弦型曲线的最高点坐标为$\left(\dfrac{\pi}{8},2\right)$,最低点坐标为$\left(\dfrac{5\pi}{8},-2\right)$,则正弦型函数的解析式为(　　).

　　A. $y=2\sin\left(2x-\dfrac{\pi}{4}\right)$　　　　B. $y=2\sin\left(2x+\dfrac{\pi}{4}\right)$

C. $y=2\sin\left(\dfrac{x}{2}-\dfrac{\pi}{4}\right)$ D. $y=2\sin\left(\dfrac{x}{2}+\dfrac{\pi}{4}\right)$

二、填空题

6. 函数 $y=3\sin\dfrac{x}{2}$ 的单调递增区间是_____,单调递减区间是_____.

7. 函数 $y=\sqrt{5}\sin 3x$ 的单调递增区间是_____,单调递减区间是_____.

8. 函数 $y=\sin 3x$ 向左平移 $\dfrac{\pi}{12}$ 个单位得到函数_____.

9. 把函数 $y=\sin\left(2x+\dfrac{\pi}{4}\right)$ 的图像向右平移 $\dfrac{\pi}{4}$ 个单位,所得图像的函数解析式为_____.

10. 函数 $y=\dfrac{1}{2}\sin(5x-\dfrac{\pi}{3})$ 向左平移_____个单位得到 $y=\dfrac{1}{2}\sin 5x$.

三、解答题

11. 已知函数 $y=3\sin\left(2x+\dfrac{\pi}{4}\right)$,

(1) 写出它的振幅、最小正周期和初相;

(2) 用"五点法"作出该函数在一个周期内的图像.

12. 已知函数 $y=A\sin(\omega x+\varphi)(A>0)$ 在某一个周期内的图像的最高点为 $\left(\dfrac{3\pi}{8},3\right)$，最低点为 $\left(\dfrac{7\pi}{8},-3\right)$，求该函数的解析式．

13. 已知函数 $y=\sqrt{3}\sin x\cos x+\dfrac{1}{2}\cos(\pi-2x)$，求：

　(1) 函数的最小正周期；

　(2) 函数的单调减区间．

1.3　正弦定理和余弦定理

  学习目标导航

1. 理解正弦定理、余弦定理的内容．
2. 会应用正弦定理、余弦定理解三角形．
3. 能利用正弦定理、余弦定理解决实际生活中的简单问题．

第1课时　正弦定理

知识要点梳理

一、正弦定理

$\dfrac{a}{\sin A}=\dfrac{b}{\sin B}=\dfrac{c}{\sin C}=2R$（其中 R 为三角形外接圆的半径）.

二、正弦定理的应用

(1)已知两角及一边,解斜三角形;(2)已知两边及其中一边所对角,解斜三角形.

三、三角形的面积公式

$S_\triangle=\dfrac{1}{2}ab\sin C=\dfrac{1}{2}ac\sin B=\dfrac{1}{2}bc\sin A$.

四、常用结论

在 $\triangle ABC$ 中：

(1) $A+B+C=\pi$；

(2)若 $A>B$,则一定有 $\sin A>\sin B$；若 $A=B$,则一定有 $\sin A=\sin B$；

(3) $\sin A=\sin(B+C)$,$\cos A=-\cos(B+C)$,$\tan A=-\tan(B+C)$；

(4) $\cos\dfrac{C}{2}=\sin\dfrac{A+B}{2}$,$\sin\dfrac{C}{2}=\cos\dfrac{A+B}{2}$；

(5)若 A、B、C 成等差数列,则一定有 $B=\dfrac{\pi}{3}$；

(6)两边之和大于第三边,两边之差小于第三边；

(7) $a:b:c=\sin A:\sin B:\sin C$；

(8)大边对大角,小边对小角.

典型例题剖析

例 1　在 $\triangle ABC$ 中,$a=2\sqrt{2}$,$b=2\sqrt{3}$,$A=45°$,则 $B=$ _____.

解析　本题主要考查两边及其中一边所对角,大边对大角,小边对小角的应用,分清楚何时有一解,何时有两解.因此由正弦定理 $\dfrac{a}{\sin A}=\dfrac{b}{\sin B}$,得 $\sin B=\dfrac{b\sin A}{a}=\dfrac{\sqrt{3}}{2}$,又因为 $a<b$,所以 $A<B$,故 $B=60°$或 $120°$.

例 2　在 $\triangle ABC$ 中,$b=4$,$B=30°$,$A=45°$,求 $S_{\triangle ABC}$.

解析　本题主要考查应用正弦定理求边长及三角形面积的公式.

由 $A+B+C=180°$,得 $C=105°$,又由正弦定理 $\dfrac{a}{\sin A}=\dfrac{b}{\sin B}$,得 $a=\dfrac{b\sin A}{\sin B}=4\sqrt{2}$,

所以 $S_{\triangle ABC}=\dfrac{1}{2}ab\sin C=4\sqrt{3}+4$.

课堂小测试

一、选择题

1. 在 $\triangle ABC$ 中,$a=4,b=4\sqrt{3},A=30°$,则 $B=(\quad)$.
   A. 120°　　　　B. 120°或30°　　　　C. 60°　　　　D. 120°或60°

2. 在 $\triangle ABC$ 中,$A=30°,B=60°,a=5$,则 $b=(\quad)$.
   A. $5\sqrt{2}$　　　　B. $5\sqrt{3}$　　　　C. $\dfrac{5\sqrt{2}}{2}$　　　　D. $\dfrac{5\sqrt{3}}{2}$

3. 满足 $a=3\sqrt{2},b=3,A=45°$ 的 $\triangle ABC$ 有($\quad$)个.
   A. 0　　　　B. 1　　　　C. 2　　　　D. 无法判定

4. $A=30°,AC=16$,面积 $S=220\sqrt{3}$,则 $AB=(\quad)$.
   A. 49　　　　B. 51　　　　C. 75　　　　D. $55\sqrt{3}$

5. 已知 $S_{\triangle ABC}=\dfrac{3}{2}$,且 $b=2,c=\sqrt{3}$,则 $A=(\quad)$.
   A. 120°　　　　B. 150°或30°　　　　C. 60°　　　　D. 120°或60°

6. 在 $\triangle ABC$ 中,若 $A:B:C=1:2:3$,则 $a:b:c=(\quad)$.
   A. $1:2:3$　　　　B. $3:2:1$　　　　C. $1:\sqrt{3}:2$　　　　D. $2:\sqrt{3}:1$

二、填空题

7. 在 $\triangle ABC$ 中,$AB=6,A=30°,B=120°$,则 $S_{\triangle ABC}=$ _____.

8. 在 $\triangle ABC$ 中,若 $\sin A=\dfrac{1}{2}$,则角 $A=$ _____.

9. 在 $\triangle ABC$ 中,$A<B$,则一定有 _____.

10. 在 $\triangle ABC$ 中,若 $c=10,A=45°,C=30°$,则 $b=$ _____,$\triangle ABC$ 外接圆直径等于 _____.

三、解答题

11. 已知 $\triangle ABC$,$A=30°,a=10,c=10\sqrt{3}$,解这个三角形.

12. 已知 $\triangle ABC$ 满足 $\sin^2 A + \sin^2 B = \sin^2 C$，判断三角形形状.

13. 在 $\triangle ABC$ 中，已知 $AC=2$，$BC=3$，$\cos A = -\dfrac{4}{5}$，求：

   (1) $\sin B$；

   (2) $\sin\left(2B+\dfrac{\pi}{6}\right)$.

第 2 课时　余弦定理

知识要点梳理

一、余弦定理

$a^2 = b^2 + c^2 - 2bc\cos A$，变形得 $\cos A = \dfrac{b^2+c^2-a^2}{2bc}$；

$b^2 = a^2 + c^2 - 2ac\cos B$，变形得 $\cos B = \dfrac{a^2+c^2-b^2}{2ac}$；

$c^2 = a^2 + b^2 - 2ab\cos C$，变形得 $\cos C = \dfrac{a^2+b^2-c^2}{2ab}$.

二、余弦定理的应用

(1) 已知三边解三角形；

(2) 已知两边及其夹角解三角形.

典型例题剖析

例 1　在 $\triangle ABC$ 中，$A=75°$，$b=2\sqrt{3}$，$c=3\sqrt{2}$，求角 B.

解析 由于已知的是角 A,边 b 和边 c,故用余弦定理即可.

解 由余弦定理 $a^2=(2\sqrt{3})^2+(3\sqrt{2})^2-2\times 2\sqrt{3}\times 3\sqrt{2}\cos 75°$,解得 $a=3+\sqrt{3}$. 因为 $b<c$,所以 B 为锐角.

再由正弦定理 $\dfrac{a}{\sin A}=\dfrac{b}{\sin B}$,得 $\dfrac{3+\sqrt{3}}{\sin 75°}=\dfrac{2\sqrt{3}}{\sin B}$,即 $\sin B=\dfrac{\sqrt{2}}{2}$,所以 $B=45°$.

例2 已知三角形三边长分别为 5、8、10,判断三角形形状.

解析 已知三边判断形状时,找最大边所对的角.

解 设最大边所对角为 A,由余弦定理得

$\cos A=\dfrac{b^2+c^2-a^2}{2bc}=\dfrac{5^2+8^2-10^2}{2\times 5\times 8}=-\dfrac{11}{80}<0$,所以三角形为钝角三角形.

课堂小测试

一、选择题

1. 在 $\triangle ABC$ 中,已知 $a^2=b^2+c^2+\sqrt{3}bc$,则角 $A=$(　　).
   A. 30°　　　　B. 60°　　　　C. 120°　　　　D. 150°

2. 已知 $a^2<b^2+c^2$(其中 $a>b,a>c$),则这个三角形是(　　).
   A. 锐角三角形　　B. 直角三角形　　C. 钝角三角形　　D. 等边三角形

3. 一个三角形三边长分别为 a、b、$\sqrt{a^2+b^2+ab}$,则此三角形中的最大角为(　　).
   A. 30°　　　　B. 60°　　　　C. 120°　　　　D. 150°

4. 在 $\triangle ABC$ 中,$a=3,b=\sqrt{7},c=2$,则 $B=$(　　).
   A. 30°　　　　B. 60°　　　　C. 120°　　　　D. 150°

5. 在 $\triangle ABC$ 中,$\cos A\cos B>\sin A\sin B$,则 $\triangle ABC$ 一定是(　　).
   A. 锐角三角形　　B. 直角三角形　　C. 钝角三角形　　D. 无法确定

6. 在 $\triangle ABC$ 中,若 $a=3,c=3$,且 $\dfrac{\sin C}{\sin B}=\dfrac{3}{5}$,则 $\cos A=$(　　).
   A. $\dfrac{5}{6}$　　　B. $\dfrac{3}{5}$　　　C. $\dfrac{2}{5}$　　　D. 1

二、填空题

7. 在 $\triangle ABC$ 中,$\cos A=\dfrac{5}{13},\sin B=\dfrac{3}{5}$,则 $\cos C=$ _____.

8. 在 $\triangle ABC$ 中,$\sin B\sin A=\cos^2\dfrac{C}{2}$,则 $\triangle ABC$ 的形状为 _____.

9. 在△ABC中，A为钝角，且 $\sin A = \dfrac{3}{5}$，$b=2$，$c=5$，则 $a=$ _____.

10. 在△ABC中，$(a+b+c)(b+c-a)=3bc$，则 $A=$ _____.

三、解答题

11. 在△ABC中，已知 $a=\sqrt{6}$，$b=2$，$c=\sqrt{3}+1$，求三角形的三个角.

12. 在△ABC中，A、B、C三角成等差数列，且 $a+c=8$，$ac=15$，求边 b.

13. 三角形三边长分别为 5、7、8，求最大角和最小角的和.

第3课时　正余弦定理的应用

知识要点梳理

解正弦定理和余弦定理的综合应用题.

典型例题剖析

例　在△ABC中，a、b、c分别是三个内角 A、B、C 的对边，$A=60°$，$B>C$，b、c 是方程

$x^2-2\sqrt{3}x+m=0$ 的两个实根，△ABC 的面积为 $\frac{\sqrt{3}}{2}$. 求:

(1) m 的值;

(2) △ABC 的三边长.

解析 利用韦达定理可得 $b+c$ 和 bc 的值，而利用三角形面积公式也可解出 bc 的值，进而 b 与 c 的值均可求出，最后利用余弦定理求 a 的值.

解 (1) 由韦达定理有 $bc=m$，又 $S_{\triangle ABC}=\frac{1}{2}bc\sin 60°=\frac{\sqrt{3}}{2}$，故 $bc=2$，从而可得 $m=2$.

(2) 因为 $m=2$，所以有 $x^2-2\sqrt{3}x+2=0$，解得 $x=\sqrt{3}\pm 1$. 又 $B>C$，所以 $b>c$，从而 $b=\sqrt{3}+1, c=\sqrt{3}-1$.

又由余弦定理得 $a^2=6$，从而 $a=\sqrt{6}$.

故 △ABC 三边 a、b、c 的长分别为 $\sqrt{6}$，$\sqrt{3}+1$，$\sqrt{3}-1$.

课堂小测试

一、选择题

1. 在 △ABC 中，$a\cos A=b\cos B$，则三角形是（　　）.

   A. 等腰三角形　　　　　　　　B. 直角三角形
   C. 等腰或直角三角形　　　　　D. 等腰直角三角形

2. 在 △ABC 中，$\cos A=\frac{3}{5}$，$\sin B=\frac{5}{13}$，则 $\sin C=$（　　）.

   A. $\frac{63}{65}$　　　B. $\frac{16}{65}$　　　C. $\frac{13}{65}$ 或 $\frac{33}{65}$　　　D. $\frac{16}{65}$ 或 $\frac{63}{65}$

3. 在 △ABC 中，$A=30°$，$a=8$，$b=8\sqrt{3}$，则 $S_{\triangle ABC}=$（　　）.

   A. $32\sqrt{3}$　　　B. 16　　　C. $32\sqrt{3}$ 或 16　　　D. $32\sqrt{3}$ 或 $16\sqrt{3}$

4. 在 △ABC 中，若 $\sin(A-B)=1-2\cos A\sin B$，则三角形为（　　）.

   A. 等腰三角形　　B. 等边三角形　　C. 直角三角形　　D. 钝角三角形

5. θ 为三角形的一个内角，则下列函数中都必为正数值的是（　　）.

   A. $\tan\theta$ 和 $\cos\theta$　　B. $\sin\theta$ 和 $\tan\theta$　　C. $\sin\theta$ 和 $\cos\theta$　　D. $\sin\theta$ 和 $\cos\frac{\theta}{2}$

6. 在 △ABC 中，$AB=2$，$AC=\sqrt{19}$，$BC=3$，则角 $B=$（　　）.

   A. $\frac{\pi}{6}$　　　B. $\frac{\pi}{3}$　　　C. $\frac{\pi}{4}$　　　D. $\frac{2\pi}{3}$

二、填空题

7. 在 △ABC 中，$AB=2$，$BC=5$，其面积为 4，则 $\cos B=$_____.

8. 在 $\triangle ABC$ 中,$A=\dfrac{\pi}{3}$,$B=\dfrac{\pi}{4}$,$a+b=12$,则 $a=$ _____.

9. 在 $\triangle ABC$ 中,若 $a=2b\sin A$,则 $B=$ _____.

10. 在 $\triangle ABC$ 中,$\tan B=1$,$\tan C=2$,$b=100$,则 $a=$ _____.

11. 在 $\triangle ABC$ 中,若 $B=60°$,$b^2=ac$,则 $\triangle ABC$ 是 _____ 三角形.

三、解答题

12. 在 $\triangle ABC$ 中,已知 $\tan A+\tan B=\sqrt{3}\tan A\tan B-\sqrt{3}$,$c=\dfrac{7}{2}$,又 $\triangle ABC$ 的面积为 $S_{\triangle ABC}=\dfrac{3\sqrt{3}}{2}$. 求:

(1) 角 C 的大小;

(2) $a+b$ 的值.

13. 在 $\triangle ABC$ 中,若 $c=b(1+2\cos A)$,求证:$A=2B$.

14. 在 $\triangle ABC$ 中,$a=1$,$c=\sqrt{2}$,$\cos C=\dfrac{3}{4}$. 求:

(1) $\sin(A+B)$ 的值;

(2) b 的值;

(3) $\sin B$ 的值.

15. 一船在海面 A 处望见两灯塔 P、Q，在北偏西15°的一条直线上，该船沿东北方向航行 4 海里①到达 B 处，望见灯塔 P 在正西方向，灯塔 Q 在西北方向，求两灯塔之间的距离．

第1章　章节测试

———★★★———

一、选择题

1. 已知 $\sin \alpha = \dfrac{4}{5}$，且 $\dfrac{\pi}{2} < \alpha < \pi$，则 $\cos\left(\alpha - \dfrac{\pi}{6}\right)$ 的值为（　　）．

　　A. $\dfrac{1}{10}$ 　　B. $\dfrac{4-3\sqrt{3}}{10}$ 　　C. $\dfrac{4\sqrt{3}}{10}$ 　　D. $\dfrac{3\sqrt{3}-4}{10}$

2. 已知 α、β 为锐角，$\sin\alpha = \dfrac{3}{5}$，$\cos(\alpha+\beta) = -\dfrac{4}{5}$，则 $\sin\beta = $（　　）．

　　A. $\dfrac{24}{25}$ 　　B. $\dfrac{16}{25}$ 　　C. $\dfrac{9}{25}$ 　　D. $\dfrac{1}{25}$

3. 化简：$2\cos^2 \dfrac{\pi}{8} - 3 = $（　　）．

　　A. $\dfrac{\sqrt{2}}{2}$ 　　B. $\dfrac{\sqrt{2}}{2} - 2$ 　　C. $\dfrac{\sqrt{2}-2}{2}$ 　　D. $\dfrac{\sqrt{2}}{2} - 3$

4. 函数 $y = \sin x + \sqrt{3}\cos x$ 的最小值正周期是（　　）．

　　A. 3π 　　B. 2π 　　C. π 　　D. $\dfrac{\pi}{2}$

---

① 1 海里 = 1.852 千米．

5. 函数 $y=5+\sin x\cos x$ 的值域是（　　）.

  A. $[4,6]$ B. $[3,7]$ C. $\left[\dfrac{9}{2},\dfrac{10}{2}\right]$ D. $\left[\dfrac{9}{2},\dfrac{11}{2}\right]$

6. 下列函数中,是偶函数且周期为 π 的为（　　）.

  A. $y=\sin x\cos x$ B. $y=\sin 2x-\cos 2x$

  C. $y=\cos^2 x-\sin^2 x$ D. $y=\cos\left(\dfrac{\pi}{2}-x\right)$

7. 要得到函数 $y=\sqrt{2}\sin\left(3x+\dfrac{\pi}{4}\right)$ 的图像,只需将函数 $y=\sqrt{2}\sin 3x$ 的图像（　　）.

  A. 向左平移 $\dfrac{\pi}{4}$ 个单位   B. 向右平移 $\dfrac{\pi}{4}$ 个单位

  C. 向左平移 $\dfrac{\pi}{12}$ 个单位   D. 向右平移 $\dfrac{\pi}{12}$ 个单位

8. 把函数 $y=\sin 2x$ 的图像向左平移 $\dfrac{\pi}{6}$ 个单位,得到的函数是（　　）.

  A. $y=\sin\left(2x+\dfrac{\pi}{6}\right)$ B. $y=\sin\left(2x-\dfrac{\pi}{6}\right)$

  C. $y=\sin\left(2x+\dfrac{\pi}{3}\right)$ D. $y=\sin\left(2x-\dfrac{\pi}{3}\right)$

9. 在 $\triangle ABC$ 中,已知 $a=6,b=13,c=12$,则这个三角形是（　　）.

  A. 直角三角形   B. 锐角三角形   C. 钝角三角形   D. 等腰三角形

10. 若 $a^2+b^2-c^2=\sqrt{2}ab$,则 $C=$（　　）.

  A. $\dfrac{\pi}{2}$ B. $\dfrac{\pi}{3}$ C. $\dfrac{\pi}{4}$ D. $\dfrac{\pi}{6}$

二、填空题

11. 计算：$\cos 42°\sin 18°+\sin 72°\sin 42°=$ _____.

12. 化简：$\dfrac{\tan 15°+1}{\tan 15°-1}=$ _____.

13. 已知 $\sin\alpha+\cos\alpha=\sqrt{2}$,则 $\sin 2\alpha=$ _____.

14. 化简：$\dfrac{\sin 7°\cos 7°\cos 14°}{\sin 28°}=$ _____.

15. 已知函数 $f(\sin x)=\cos 2x+\sin x$,则 $f(2)=$ _____.

16. 已知 $\tan\alpha=2,\tan\beta=3$,且 $0<\alpha<\dfrac{\pi}{2},0<\beta<\dfrac{\pi}{2}$,则 $\alpha+\beta=$ _____.

17. 函数 $y=3\sin(\omega x)+4\cos(\omega x)$ 的最小正周期为 π,则 $\omega=$ _____.

18. 当 $x = \underline{\qquad}$ 时,函数 $y = \sin 2x + \cos 2x$ 取最大值,最大值为 $\underline{\qquad}$.

19. 在 $\triangle ABC$ 中,已知 $a=3, b=4, C=60°$,则该三角形的面积 $S_{\triangle ABC} = \underline{\qquad}$.

20. 在 $\triangle ABC$ 中,$\dfrac{\cos B \sin A}{\cos A \sin B} = \dfrac{a^2}{b^2}$,则 $\triangle ABC$ 是 $\underline{\qquad}$ 三角形.

三、解答题

21. 在 $\triangle ABC$ 中,已知 $B=45°, C=75°, a=6$,求 A, b, c.

22. 已知 $\sin(\alpha+\beta) = -\dfrac{4}{5}$,$\sin(\alpha-\beta) = \dfrac{5}{13}$,$(\alpha+\beta) \in \left(\dfrac{3\pi}{2}, 2\pi\right)$,$(\alpha-\beta) \in \left(\dfrac{\pi}{2}, \pi\right)$,求 $\sin 2\alpha$、$\cos 2\alpha$ 与 $\tan 2\alpha$ 的值.

23. 证明:$\cos \alpha(\cos \alpha - \cos \beta) + \sin \alpha(\sin \alpha - \sin \beta) = 2\sin^2 \dfrac{\alpha-\beta}{2}$.

24. 已知函数 $y=A\sin(\omega x+\varphi)$ 在某一个周期内的图像的最高点为 $\left(\dfrac{\pi}{3},3\right)$，最低点为 $\left(\dfrac{5\pi}{6},-3\right)$，求 $y=A\sin(\omega x+\varphi)$ 的解析式.

25. 已知 $y=\cos^2 x-\sin^2 x+2\sqrt{3}\sin x\cos x$，

(1) 将该函数化成正弦型函数并求出最小正周期；

(2) 当 x 为何值时该函数有最大值？最大值是多少？

第 2 章 椭圆、双曲线、抛物线

知识构架

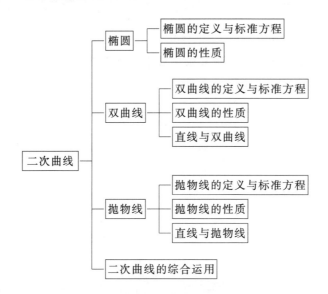

考纲要求

1. 知道椭圆的定义,会求解椭圆的标准方程,并可以得到椭圆的性质,特别是长轴长、短轴长和离心率.

2. 知道双曲线的定义,会求解双曲线的标准方程,并可以得到双曲线的性质,特别是实轴长、虚轴长、渐近线方程和离心率,认识等轴双曲线.

3. 知道抛物线的定义、焦点和准线,会求解抛物线的标准方程,并可以得到抛物线的性质.

4. 能够综合解决一些较复杂的问题.

2.1 椭圆

学习目标导航

1. 知道椭圆的定义,会求解椭圆两种形式的标准方程.
2. 由椭圆的方程可以得到椭圆的性质,会求解长轴长、短轴长和离心率.
3. 能够解决一些直线与椭圆的问题.

第1课时 椭圆的定义与标准方程

知识要点梳理

一、椭圆的定义

平面内到两个定点 F_1、F_2 的距离之和为常数(大于 $|F_1F_2|$)的点的轨迹(或集合)叫作椭圆. 这两个定点叫作椭圆的焦点,两个焦点间的距离叫作焦距.

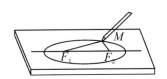 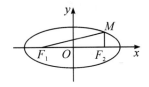

二、椭圆的标准方程

1. 焦点在 x 轴上的椭圆的标准方程为 $\dfrac{x^2}{a^2}+\dfrac{y^2}{b^2}=1(a>b>0)$,焦点坐标为 $F_1(-c,0)$,$F_2(c,0)$.

2. 焦点在 y 轴上的椭圆的标准方程为 $\dfrac{y^2}{a^2}+\dfrac{x^2}{b^2}=1(a>b>0)$,焦点坐标为 $F_1(0,-c)$,$F_2(0,c)$.

3. 椭圆中 a、b、c 满足的关系是 $a^2=b^2+c^2$,椭圆的长轴长为 $2a$,短轴长为 $2b$,焦距为 $2c$.

典型例题剖析

例1 已知椭圆 $\dfrac{x^2}{16}+\dfrac{y^2}{9}=1$ 上一点 P 到一个焦点的距离是 3,则点 P 到另一个焦点的距离是_____.

解析 根据椭圆的定义,点 P 到两个焦点的距离之和是 $2a$,由 $\frac{x^2}{16}+\frac{y^2}{9}=1$,知 $a^2=16,a=4$,则 $2a=8$,所以点 P 到另一个焦点的距离是 5.

例 2 已知椭圆的焦点为 $F_1(0,-2)$、$F_2(0,2)$,椭圆上的点到两个焦点的距离之和为 8.求椭圆的标准方程.

解析 因为焦点为 $F_1(0,-2)$、$F_2(0,2)$,所以椭圆焦点在 y 轴上,且 $c=2$,可设方程为 $\frac{y^2}{a^2}+\frac{x^2}{b^2}=1(a>b>0)$,又椭圆上的点到两个焦点的距离之和为 8,所以 $2a=8,a=4$.

由 $a^2=b^2+c^2$,得 $b^2=a^2-c^2=16-4=12$,所以椭圆方程为 $\frac{y^2}{16}+\frac{x^2}{12}=1$.

课堂小测试

一、选择题

1.椭圆 $\frac{x^2}{25}+\frac{y^2}{16}=1$ 上一点 P 到椭圆两个焦点的距离之和等于( ).

 A. 4　　　　　B. 5　　　　　C. 8　　　　　D. 10

2.中心在坐标原点,焦点在 x 轴上,长轴长、短轴长分别是 16 和 8,则椭圆的标准方程是( ).

 A. $\frac{x^2}{8}+\frac{y^2}{16}=1$　　B. $\frac{x^2}{16}+\frac{y^2}{8}=1$　　C. $\frac{x^2}{16}+\frac{y^2}{64}=1$　　D. $\frac{x^2}{64}+\frac{y^2}{16}=1$

3.椭圆 $4x^2+y^2=4$ 的离心率为( ).

 A. $\frac{1}{2}$　　　　B. $\frac{2}{3}$　　　　C. $\frac{\sqrt{3}}{2}$　　　　D. $\frac{5}{6}$

4.椭圆 $\frac{x^2}{16}+\frac{y^2}{4}=1$ 的右焦点坐标是( ).

 A. $(\sqrt{3},0)$　　B. $(2\sqrt{3},0)$　　C. $(\sqrt{5},0)$　　D. $(2\sqrt{5},0)$

5.已知椭圆的焦点是 $F_1(-1,0)$ 和 $F_2(1,0)$,M 是椭圆上一点,且 $|F_1F_2|$ 是 $|MF_1|$ 和 $|MF_2|$ 的等差中项,则该椭圆的方程为( ).

 A. $\frac{x^2}{4}+\frac{y^2}{3}=1$　　B. $\frac{x^2}{3}+\frac{y^2}{4}=1$　　C. $\frac{x^2}{16}+\frac{y^2}{9}=1$　　D. $\frac{x^2}{16}+\frac{y^2}{12}=1$

6.已知椭圆 $\frac{x^2}{25}+\frac{y^2}{9}=1$ 的两个焦点 F_1、F_2,P 是椭圆上一点,则 $\triangle PF_1F_2$ 的周长为( ).

 A. 20　　　　B. 18　　　　C. 12　　　　D. 9

二、填空题

7. 焦点在 x 轴上，且 $a^2=13, c^2=12$，则椭圆的标准方程为_____．

8. $\dfrac{x^2}{16}+\dfrac{y^2}{64}=1$ 的长轴长为_____，短轴长为_____，焦距为_____，焦点坐标为_____．

9. 已知椭圆 $\dfrac{x^2}{16}+\dfrac{y^2}{25}=1$ 上一点 P 到一个焦点的距离是 3，则点到另一个焦点的距离是_____．

10. 已知椭圆的焦点分别是 $F_1(0,-3)$、$F_2(0,3)$，长轴长为 10，则椭圆的标准方程为_____．

三、解答题

11. 求下列椭圆的焦点和焦距．

    (1) $\dfrac{x^2}{5}+\dfrac{y^2}{4}=1$；

    (2) $2x^2+y^2=16$．

12. 已知椭圆的焦距为 8，椭圆上的点到两个焦点的距离之和为 10，求椭圆的标准方程．

13. 已知椭圆的一个顶点为 $(-2,0)$,且长轴长是短轴长的 2 倍,求椭圆的标准方程.

第 2 课时 椭圆的性质

知识要点梳理

椭圆的标准方程和性质：

性质	椭圆	
数学定义式	$|MF_1|+|MF_2|=2a(2a>|F_1F_2|)$ M 为椭圆上任意一点	
焦点位置	x 轴	y 轴
标准方程	$\dfrac{x^2}{a^2}+\dfrac{y^2}{b^2}=1(a>b>0)$	$\dfrac{y^2}{a^2}+\dfrac{x^2}{b^2}=1(a>b>0)$
图像		
对称性	分别关于 x 轴、y 轴成轴对称,关于坐标原点成中心对称	
顶点坐标	$(-a,0)$、$(a,0)$、$(0,-b)$、$(0,b)$	$(0,-a)$、$(0,a)$、$(-b,0)$、$(b,0)$
离心率	$e=\dfrac{c}{a}(0<e<1)$	
a、b、c 的几何意义及关系	长轴长是 $2a$,短轴长是 $2b$,焦距是 $2c$ $a^2=b^2+c^2$	

典型例题剖析

例 1 已知 F_1、F_2 是椭圆 $\dfrac{x^2}{25}+\dfrac{y^2}{9}=1$ 的两个焦点，过 F_1 的直线与椭圆交于 M、N 两点，则 $\triangle MNF_2$ 的周长为_____.

解析 根据椭圆的定义，$|MF_1|+|MF_2|=2a$，$|NF_1|+|NF_2|=2a$，于是 $|MF_1|+|MF_2|+|NF_1|+|NF_2|=4a$，由椭圆的方程 $\dfrac{x^2}{25}+\dfrac{y^2}{9}=1$，得 $a=5$，即 $\triangle MNF_2$ 的周长为 20.

例 2 已知方程 $\dfrac{x^2}{3-k}+\dfrac{y^2}{2+k}=1$ 表示椭圆，则 k 的取值范围是（　　）.

A. $(-\infty,-2)$
B. $(-2,3)$
C. $\left(-2,\dfrac{1}{2}\right)\cup\left(\dfrac{1}{2},3\right)$
D. $\left(-\infty,\dfrac{1}{2}\right)\cup\left(\dfrac{1}{2},+\infty\right)$

解析 若方程 $\dfrac{x^2}{3-k}+\dfrac{y^2}{2+k}=1$ 表示椭圆，则 x^2、y^2 的分母必须大于 0，并且不能相等（否则就表示圆），则有 $\begin{cases}3-k>0,\\2+k>0,\\3-k\neq 2+k,\end{cases}$ 解得 $\begin{cases}k<3,\\k>-2,\\k\neq\dfrac{1}{2},\end{cases}$ 于是选 C.

一、选择题

1. 已知方程 $\dfrac{y^2}{16+k}+\dfrac{x^2}{25-k}=1$ 表示焦点在 y 轴上的椭圆，则实数 k 的取值范围是（　　）.

   A. $\left(-16,\dfrac{9}{2}\right)$
   B. $(-16,25)$
   C. $\left(\dfrac{9}{2},25\right)$
   D. $\left(\dfrac{9}{2},+\infty\right)$

2. 椭圆 $\dfrac{x^2}{m}+\dfrac{y^2}{4}=1$ 的焦距为 2，则 m 的值是（　　）.

   A. 5 　　　B. 5 或 3 　　　C. 8 　　　D. 20

3. 椭圆 $x^2+\dfrac{y^2}{4}=1$ 的离心率为（　　）.

A. $\dfrac{1}{2}$ B. $\dfrac{\sqrt{2}}{2}$ C. $\dfrac{\sqrt{3}}{2}$ D. $\dfrac{1}{4}$

4. 过椭圆 $\dfrac{x^2}{9}+\dfrac{y^2}{81}=1$ 的一个焦点 F_2 的直线与椭圆交于 $A、B$ 两点，则 $A、B$ 与椭圆的另一个焦点 F_1 构成的 $\triangle ABF_1$ 的周长为(　　).

A. 9 B. 18 C. 36 D. 81

5. 已知椭圆 $\dfrac{x^2}{10-m}+\dfrac{y^2}{m-2}=1$，长轴在 y 轴上，若焦距为 4，则 $m=$(　　).

A. 4 B. 5 C. 7 D. 8

6. 已知椭圆的一个焦点与短轴两端点的连线夹角为 $90°$，则椭圆的离心率为(　　).

A. $\dfrac{1}{2}$ B. $\dfrac{\sqrt{2}}{2}$ C. $\sqrt{2}$ D. 2

7. 若椭圆 $\dfrac{x^2}{t+4}+\dfrac{y^2}{9}=1$ 的离心率为 $\dfrac{1}{2}$，则 t 的值是(　　).

A. $\dfrac{11}{4}$ 或 8 B. 8 C. $\dfrac{1}{2}$ 或 14 D. $\dfrac{1}{2}$

8. 如果方程 $x^2+ky^2=2$ 表示焦点在 y 轴的椭圆，那么实数 k 的取值范围是(　　).

A. $(0,+\infty)$ B. $(1,+\infty)$ C. $(-\infty,0)$ D. $(0,1)$

二、填空题

9. 已知椭圆的焦点在 y 轴上，且 $a=\sqrt{7}$，$c=\sqrt{5}$，则椭圆的标准方程为_____.

10. 已知点 P 在椭圆 $\dfrac{x^2}{49}+\dfrac{y^2}{24}=1$ 上，F_1、F_2 是两个焦点，若 $|PF_2|=6$，则 $|PF_1|=$ _____.

11. 若方程 $\dfrac{x^2}{4-k}+\dfrac{y^2}{6+k}=1$ 表示焦点在 x 轴上的椭圆，则 k 的取值范围是_____.

12. 已知 F_1、F_2 为椭圆 $\dfrac{x^2}{25}+\dfrac{y^2}{9}=1$ 的两个焦点，过 F_1 的直线交椭圆于 $A、B$ 两点，若 $|F_2A|+|F_2B|=12$，则 $|AB|=$ _____.

13. 假如椭圆 $\dfrac{x^2}{3}+\dfrac{y^2}{m}=1(0<m<3)$ 的离心率是方程 $2x^2-11x+5=0$ 的解，则 $m=$ _____.

14. 若椭圆的半短轴为 3，焦点为 $F_1(0,-5)$，$F_2(0,5)$，则该椭圆的标准方程为_____.

三、解答题

15. 椭圆的一个焦点为 $F_1(-2\sqrt{3},0)$，长轴长与短轴长之和为 12，求椭圆的标准方程.

16. 已知 $\triangle ABC$ 中两个顶点 $B(-2,0)$、$C(2,0)$，且三角形的周长为 10，求顶点 A 的轨迹方程.

17. 已知 F_1、F_2 是椭圆的两个焦点，椭圆上一点 M 到两焦点距离之和为 20，且 $|MF_1|$、$|F_1F_2|$、$|MF_2|$ 成等差数列，试求该椭圆的标准方程.

18. 已知椭圆的方程是 $\dfrac{y^2}{16}+\dfrac{x^2}{4}=1$，试求以其焦点为顶点，且与该椭圆有相同离心率的椭圆方程.

2.2 双曲线

1. 知道双曲线的定义，会求解双曲线两种形式的标准方程.

2. 由双曲线的方程可以得到双曲线的性质，会求解实轴长、虚轴长、渐近线方程和离心率.

3. 能够解决一些直线与双曲线的问题.

第 1 课时　双曲线的定义与标准方程

一、双曲线的定义

平面内到两个定点 F_1、F_2 的距离之差的绝对值为常数（小于 $|F_1F_2|$）的点的轨迹（或集合）叫作双曲线. 这两个定点叫作双曲线的焦点，两个焦点间的距离叫作焦距.

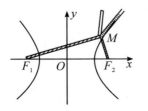 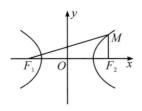

二、双曲线的标准方程

1. 焦点在 x 轴上的双曲线的标准方程为 $\dfrac{x^2}{a^2}-\dfrac{y^2}{b^2}=1(a>0,b>0)$,焦点坐标是 $F_1(-c,0),F_2(c,0)$.

2. 焦点在 y 轴上的双曲线的标准方程为 $\dfrac{y^2}{a^2}-\dfrac{x^2}{b^2}=1(a>0,b>0)$,焦点坐标是 $F_1(0,-c)$,$F_2(0,c)$.

3. 双曲线中,a、b、c 满足的关系是 $c^2=a^2-b^2$,双曲线的实轴长为 $2a$,虚轴长为 $2b$,焦距为 $2c$.

典型例题剖析

例1 双曲线 $\dfrac{x^2}{4}-\dfrac{y^2}{16}=1$ 上一点 P 到一个焦点的距离为 12,则点 P 到另一个焦点的距离是(   ).

A. 4   B. 6   C. 8   D. 8 或 16

解析 根据双曲线的定义,点 P 到两个焦点的距离之差的绝对值是 $2a$.

由 $\dfrac{x^2}{4}-\dfrac{y^2}{16}=1$,知 $a^2=4$,$a=2$,则 $2a=4$,所以 $||PF_1|-|PF_2||=4$,则 $|PF_1|-|PF_2|=\pm 4$,点 P 到另一个焦点的距离是 8 或 16.

故填选 D.

例2 已知双曲线的焦点为 $F_1(-10,0)$、$F_2(10,0)$,双曲线上的点到两个焦点的距离之差的绝对值为 8. 求双曲线的标准方程.

解析 因为双曲线的焦点为 $F_1(-10,0)$、$F_2(10,0)$,所以焦点在 x 轴上,且 $c=10$,可设方程为 $\dfrac{x^2}{a^2}-\dfrac{y^2}{b^2}=1(a>0,b>0)$,又双曲线上的点到两个焦点的距离之差的绝对值为 8,所以 $2a=8$,$a=4$,由 $c^2=a^2+b^2$,得 $b^2=c^2-a^2=10^2-4^2=84$,从而双曲线的标准方程为 $\dfrac{x^2}{16}-\dfrac{y^2}{84}=1$.

课堂小测试

一、选择题

1. 双曲线的标准方程是 $\dfrac{y^2}{16}-\dfrac{x^2}{9}=1$,则它的焦点坐标是(   ).

A. $(0,-\sqrt{7})$ 和 $(0,\sqrt{7})$ B. $(-5,0)$ 和 $(5,0)$

C. $(-\sqrt{7},0)$ 和 $(\sqrt{7},0)$ D. $(0,-5)$ 和 $(0,5)$

2. 已知双曲线 $\dfrac{x^2}{25}-\dfrac{y^2}{16}=1$ 上一点 P 到较远的一个焦点的距离为 16,则它到另一个焦点的距离等于( ).

A. 2 B. 4 C. 6 D. 8

3. 已知双曲线的中心在坐标原点,焦点在 y 轴上,实轴长、虚轴长分别是 16 和 8,则其标准方程是( ).

A. $\dfrac{x^2}{16}-\dfrac{y^2}{8}=1$ B. $\dfrac{y^2}{16}-\dfrac{x^2}{8}=1$

C. $\dfrac{y^2}{64}-\dfrac{x^2}{16}=1$ D. $\dfrac{x^2}{64}-\dfrac{y^2}{16}=1$

4. 已知双曲线的一个焦点是 $F_1(-5,0)$,且虚轴长为 6,则该双曲线的方程为( ).

A. $\dfrac{x^2}{16}-\dfrac{y^2}{9}=1$ B. $\dfrac{x^2}{64}-\dfrac{y^2}{25}=1$

C. $\dfrac{y^2}{16}-\dfrac{x^2}{9}=1$ D. $\dfrac{y^2}{16}-\dfrac{x^2}{25}=1$

5. 已知方程 $\dfrac{x^2}{2-m}-\dfrac{y^2}{m+1}=1$ 表示双曲线,则 m 的取值范围是( ).

A. $m>2$ B. $m<-1$
C. $-1<m<2$ D. $m<-1$ 或 $m>2$

6. 以椭圆 $9x^2+25y^2=225$ 的焦点为焦点,离心率 $e=2$ 的双曲线的标准方程为( ).

A. $\dfrac{x^2}{4}-\dfrac{y^2}{12}=1$ B. $\dfrac{x^2}{12}-\dfrac{y^2}{4}=1$

C. $\dfrac{x^2}{20}-\dfrac{y^2}{4}=1$ D. $\dfrac{x^2}{4}-\dfrac{y^2}{20}=1$

二、填空题

7. 焦点在 x 轴上,且 $a=5$,$c=13$ 的双曲线的标准方程为_____.

8. $\dfrac{x^2}{16}-\dfrac{y^2}{4}=1$ 的实轴长为_____,虚轴长为_____,焦点坐标为_____,焦距为_____.

9. 已知双曲线 $\dfrac{x^2}{16}-\dfrac{y^2}{25}=1$ 上一点 M 到一个焦点的距离是 10,则点 M 到另一个焦点的距离是_____.

10. 已知双曲线焦点分别是 $F_1(0,-8)$、$F_2(0,8)$,实轴为 10,则双曲线的标准方程为_____.

三、解答题

11. 求下列双曲线的焦点和焦距：

    (1) $\dfrac{x^2}{5} - \dfrac{y^2}{4} = 1$；　　　　(2) $2x^2 - y^2 = 16$.

12. 设动点 M 到两个定点 $F_1(0, -\sqrt{13})$, $F_2(0, \sqrt{13})$ 的距离之差等于 4, 求动点 M 的轨迹方程.

13. 已知双曲线的两个顶点为 $(0, -4)$, $(0, 4)$, 离心率是 $\dfrac{3}{2}$, 求双曲线的标准方程.

第 2 课时 双曲线的性质

知识要点梳理

双曲线的标准方程和性质：

性质	双曲线	
数学定义式	$\lVert MF_1 \rvert - \lvert MF_2 \rVert = 2a(2a < \lvert F_1F_2 \rvert)$，$M$ 为双曲线上任意一点	
焦点位置	x 轴	y 轴
标准方程	$\dfrac{x^2}{a^2} - \dfrac{y^2}{b^2} = 1(a>0,b>0)$	$\dfrac{y^2}{a^2} - \dfrac{x^2}{b^2} = 1(a>0,b>0)$
图像		
对称性	分别关于 x 轴、y 轴成轴对称，关于坐标原点成中心对称	
顶点坐标	$(-a,0)$、$(a,0)$	$(0,-a)$、$(0,a)$
焦点坐标	$(-c,0)$、$(c,0)$	$(0,-c)$、$(0,c)$
离心率	$e = \dfrac{c}{a}(e>1)$	
渐近线	$y = \pm \dfrac{b}{a}x$	$y = \pm \dfrac{a}{b}x$
a、b、c 的几何意义及关系	实轴长是 $2a$，虚轴长是 $2b$，焦距是 $2c$ $c^2 = a^2 + b^2$	

典型例题剖析

例 1 已知双曲线 $\dfrac{x^2}{16} - \dfrac{y^2}{9} = 1$，过右焦点 F_2 作双曲线的弦 AB，且 $\lvert AB \rvert = 5$，设该双曲线的另一焦点为 F_1，求 $\triangle ABF_1$ 的周长.

解析 根据双曲线的定义，有 $\lvert AF_1 \rvert - \lvert AF_2 \rvert = 2a$，$\lvert BF_1 \rvert - \lvert BF_2 \rvert = 2a$，于是 $\lvert AF_1 \rvert + \lvert BF_1 \rvert - \lvert AF_2 \rvert - \lvert BF_2 \rvert = 4a$，所以 $\lvert AF_1 \rvert + \lvert BF_1 \rvert = 4a + \lvert AB \rvert$，从而 $\triangle ABF_1$ 的周长 $\lvert AF_1 \rvert + \lvert BF_1 \rvert + \lvert AB \rvert = 4a + 2\lvert AB \rvert$，由双曲线的方程 $\dfrac{x^2}{16} - \dfrac{y^2}{9} = 1$，得 $a = 4$，所以

△ABF_1 的周长为 $4×4+2×5=26$.

例2 已知方程 $\dfrac{x^2}{3-k}+\dfrac{y^2}{2+k}=1$ 表示双曲线,则 k 的取值范围是(   ).

A. $(-\infty,-2)$ \hspace{2em} B. $(-2,3)$

C. $(3,+\infty)$ \hspace{2em} D. $(-\infty,-2)\cup(3,+\infty)$

解析 若方程 $\dfrac{x^2}{3-k}+\dfrac{y^2}{2+k}=1$ 表示双曲线,则有 $(3-k)(2+k)<0$,解得 $k<-2$ 或 $k>3$,故选 D.

课堂小测试

一、选择题

1. 过双曲线 $\dfrac{x^2}{16}-\dfrac{y^2}{12}=1$ 的左焦点 F_1 的直线与双曲线左支交于 M、N 两点,若 $|MN|=5$,则 M、N 与双曲线的另一个焦点 F_2 构成的△ABF_2 的周长为(   ).

A. 26 \hspace{2em} B. 16 \hspace{2em} C. 11 \hspace{2em} D. 6

2. 与椭圆 $\dfrac{x^2}{4}+y^2=1$ 有相同的焦点且过点 $P(2,1)$ 的双曲线方程为(   ).

A. $\dfrac{x^2}{4}-y^2=1$ \hspace{1em} B. $\dfrac{x^2}{2}-y^2=1$ \hspace{1em} C. $x^2-\dfrac{y^2}{2}=1$ \hspace{1em} D. $\dfrac{x^2}{3}-\dfrac{y^2}{3}=1$

3. 双曲线 $\dfrac{x^2}{3}-\dfrac{y^2}{9}=1$ 的渐近线方程是(   ).

A. $y=\pm 3x$ \hspace{1em} B. $y=\pm\dfrac{1}{3}x$ \hspace{1em} C. $y=\pm\sqrt{3}x$ \hspace{1em} D. $y=\pm\dfrac{\sqrt{3}}{3}x$

4. 过双曲线 $\dfrac{x^2}{36}-\dfrac{y^2}{9}=1$ 的左焦点 F_1 的直线与这条双曲线交于 A、B 两点,且 $|AB|=3$,F_2 是右焦点,则 $|AF_2|+|BF_2|$ 的值为(   ).

A. 15 \hspace{2em} B. 21 \hspace{2em} C. 27 \hspace{2em} D. 30

5. 双曲线 $3mx^2-my^2=3$ 的焦点是 $(0,2)$,则 m 的值是(   ).

A. -2 \hspace{2em} B. -1 \hspace{2em} C. 2 \hspace{2em} D. 1

6. 等轴双曲线的离心率是(   ).

A. $\dfrac{\sqrt{5}-1}{2}$ \hspace{1em} B. $\dfrac{\sqrt{5}+1}{2}$ \hspace{1em} C. 1 \hspace{1em} D. $\sqrt{2}$

7. 椭圆 $\dfrac{x^2}{25}+\dfrac{y^2}{9}=1$ 与双曲线 $\dfrac{x^2}{25-k}-\dfrac{y^2}{k-9}=1(9<k<25)$ 始终有(   ).

A. 相同的离心率 \hspace{2em} B. 相同的顶点

C. 相同的焦点　　　　　　　　D. 以上结论都不正确

8. 如果方程 $x^2+ky^2=2$ 表示焦点在 x 轴上的双曲线,那么实数 k 的取值范围是(　　).

A. $(-\infty,0)$　　B. $(0,+\infty)$　　C. $(1,+\infty)$　　D. $(0,1)$

二、填空题

9. 双曲线 $\dfrac{y^2}{16}-\dfrac{x^2}{9}=1$ 的渐近线方程是_____.

10. 若双曲线的虚轴长为 12,焦点为 $F_1(0,-10),F_2(0,10)$,则该双曲线的标准方程为_____.

11. 渐近线方程为 $y=\pm\dfrac{2}{3}x$ 的双曲线,经过点 $(6,0)$,则该双曲线的标准方程为_____.

12. 双曲线 $\dfrac{x^2}{4}-\dfrac{y^2}{9}=1$ 的两个焦点分别为 F_1 和 F_2,经过左焦点 F_1 的直线与双曲线的左支交于 P、Q 两点,$|PQ|=9$,则 $\triangle PQF_2$ 的周长为_____.

13. 以椭圆 $9x^2+25y^2=225$ 的焦点为焦点,离心率 $e=2$ 的双曲线的标准方程为_____.

14. 双曲线的一条渐近线方程是 $y=-\sqrt{3}x$,焦点是 $(0,-4),(0,4)$,则双曲线的标准方程为_____.

三、解答题

15. 求以直线 $y=\pm\dfrac{3}{5}x$ 为渐近线,且焦点坐标为 $(\pm\sqrt{34},0)$ 的双曲线的标准方程.

16. 求以椭圆 $\dfrac{x^2}{169}+\dfrac{y^2}{144}=1$ 的左焦点为圆心,且与双曲线 $\dfrac{x^2}{9}-\dfrac{y^2}{16}=1$ 的渐近线相切的圆的标准方程.

17. 中心在坐标原点,焦点在 x 轴上的椭圆与某双曲线有共同焦点 F_1、F_2,并且 $|F_1F_2|=2\sqrt{13}$,椭圆的长半轴长与双曲线的实半轴长之差为 4,椭圆与双曲线的离心率之比为 3∶7,求椭圆和双曲线的标准方程.

18. 双曲线 C 以经过坐标原点并且与圆 $x^2+y^2-4y+3=0$ 相切的两条直线为渐近线,若该双曲线经过椭圆 $4x^2+y^2=4$ 的两个焦点,求该双曲线的方程.

2.3 抛物线

学习目标导航

1. 知道抛物线的定义,会求解抛物线四种形式的标准方程.
2. 由抛物线的方程可以得到抛物线的性质,会求解抛物线的焦点、准线.
3. 能够解决一些直线与抛物线的问题.

第 1 课时　抛物线的定义

知识要点梳理

一、抛物线的定义

一般地,平面内与一个定点 F 和一条定直线 l 的距离相等的点的轨迹(集合)叫作抛物线.定点 F 叫作抛物线的焦点,定直线 l 叫作抛物线的准线.

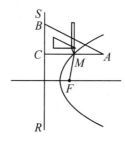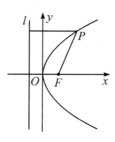

二、抛物线的标准方程

1. 焦点在 x 轴正半轴上的抛物线的标准方程为 $y^2=2px(p>0)$,焦点坐标是 $F\left(\dfrac{p}{2},0\right)$,准线方程为 $x=-\dfrac{p}{2}$.

2. 焦点在 x 轴负半轴上的抛物线的标准方程为 $y^2=-2px(p>0)$,焦点坐标是 $F\left(-\dfrac{p}{2},0\right)$,准线方程为 $x=\dfrac{p}{2}$.

3. 焦点在 y 轴正半轴上的抛物线的标准方程为 $x^2=2py(p>0)$,焦点坐标是 $F\left(0,\dfrac{p}{2}\right)$,准线方程为 $y=-\dfrac{p}{2}$.

4. 焦点在 y 轴负半轴上的抛物线的标准方程为 $x^2=-2py(p>0)$,焦点坐标是

$F\left(0,-\dfrac{p}{2}\right)$,准线方程为 $y=\dfrac{p}{2}$.

5.抛物线标准方程中 $p(p>0)$ 表示焦点到准线的距离.

典型例题剖析

例1 设抛物线上一点 P 到准线的距离为3,则点 P 到焦点的距离为_____.

解析 由抛物线定义可知,抛物线上一点 P 到准线的距离等于它到焦点的距离,即 $|PF|=d=3$,故填3.

例2 抛物线的顶点在坐标原点,对称轴是 x 轴,点 $(-5,m)$ 到焦点的距离是6,求抛物线的标准方程.

解析 因为对称轴为 x 轴,故焦点在 x 轴上,又点 $(-5,m)$ 在第二或第三象限,因此焦点在 x 轴的负半轴,由点 $(-5,m)$ 到焦点的距离是6,可解得准线方程为 $x=1$,所以抛物线方程为 $y^2=-4x$.

课堂小测试

一、选择题

1.顶点在坐标原点,对称轴是 y 轴,顶点到焦点的距离为3,则抛物线的标准方程是( ).

A. $x^2=12y$ B. $y^2=12x$ C. $x^2=\pm 12y$ D. $y^2=\pm 12x$

2.抛物线 $y^2=-x$ 的焦点坐标是( ).

A. $(1,0)$ B. $\left(-\dfrac{1}{4},0\right)$ C. $(-1,0)$ D. $\left(0,\dfrac{1}{4}\right)$

3.顶点在坐标原点,准线为 $x=-1$ 的抛物线的标准方程是( ).

A. $y^2=4x$ B. $y^2=-4x$ C. $x^2=4y$ D. $x^2=-4y$

4.抛物线 $y^2=4x$ 上一点 A 到焦点的距离为4,则点 A 的横坐标为( ).

A. -3 B. 3 C. -4 D. 4

5.焦点坐标为 $(0,-2)$ 的抛物线的标准方程是( ).

A. $x^2=8y$ B. $y^2=8x$ C. $x^2=-8y$ D. $y^2=-8x$

6.已知点 $P(3,m)$ 是抛物线 $y^2=4x$ 上一点,则点 P 到抛物线的焦点的距离是( ).

A. 2 B. 3 C. 4 D. $\dfrac{m}{4}$

二、填空题

7. 焦点到准线的距离为6,对称轴为 y 轴的抛物线的标准方程为_____.

8. 抛物线 $x^2=4y$ 上一点 M 到焦点的距离为5,则点 M 的坐标为_____.

9. 抛物线的顶点在坐标原点,对称轴为 x 轴,抛物线上的点 $(5,-2\sqrt{5})$ 到焦点的距离是6,则此抛物线的标准方程是_____.

10. 若抛物线 $y^2=2px(p>0)$ 过点 $M(4,4)$,则点 M 到准线的距离是_____.

11. 平面内一动点 P 到一定点 $F(2,0)$ 的距离比到直线 $x=-3$ 的距离小1,则点 P 的轨迹方程为_____.

三、解答题

12. 已知抛物线的顶点在坐标原点,对称轴为 x 轴,若点 $M(-2,m)$ 在抛物线上,且点 M 到焦点的距离为6,求:

    (1)抛物线的标准方程;

    (2)m 的值.

13. 已知抛物线的顶点是双曲线 $\dfrac{x^2}{5}-\dfrac{y^2}{4}=1$ 的中心,焦点是双曲线的右焦点,求抛物线的标准方程.

第2课时 抛物线的性质

知识要点梳理

抛物线的标准方程和性质:

定义	$|MF|=d$(M 为抛物线上任一点,点 M 到准线的距离为 d)			
焦点	x 轴正半轴	x 轴负半轴	y 轴正半轴	y 轴负半轴
标准方程	$y^2=2px(p>0)$	$y^2=-2px(p>0)$	$x^2=2py(p>0)$	$x^2=-2py(p>0)$
图像				
范围	$x\geqslant 0$	$x\leqslant 0$	$y\geqslant 0$	$y\leqslant 0$
顶点坐标	$(0,0)$			
焦点坐标	$F\left(\dfrac{p}{2},0\right)$	$F\left(-\dfrac{p}{2},0\right)$	$F\left(0,\dfrac{p}{2}\right)$	$F\left(0,-\dfrac{p}{2}\right)$
准线方程	$x=-\dfrac{p}{2}$	$x=\dfrac{p}{2}$	$y=-\dfrac{p}{2}$	$y=\dfrac{p}{2}$
开口方向	向右	向左	向上	向下

典型例题剖析

例1 求顶点在坐标原点,经过点 $(-2,2)$ 的抛物线方程.

解析 因为点 $(-2,2)$ 在第二象限,所以抛物线开口向左或向上,当抛物线开口向左时,设抛物线方程为 $y^2=-2px(p>0)$,因为过点 $(-2,2)$,得 $p=1$,所以抛物线的方程为 $y^2=-2x$.

当抛物线开口向上时,设抛物线方程为 $x^2=2py(p>0)$,因为过点 $(-2,2)$,得 $p=1$,所以抛物线的方程为 $x^2=2y$.

所以抛物线的标准方程为 $y^2=-2x$ 或 $x^2=2y$.

例2 探照灯反射镜的轴截面是抛物线的一部分,光源位于抛物线的焦点,已知灯口圆的直径为 20 cm,灯深为 10 cm,求抛物线的标准方程和焦点坐标.

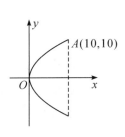

解析 建立如图所示的平面直角坐标系,由已知得点 $A(10,10)$ 在抛物线上,设抛物线方程为 $y^2=2px(p>0)$,把 $A(10,10)$ 代

入得 $p=5$,所以抛物线的标准方程为 $y^2=10x$,焦点坐标为 $\left(\dfrac{5}{2},0\right)$.

课堂小测试

一、选择题

1. 已知抛物线 $y^2=2px(p>0)$ 的准线经过点 $(-1,1)$,则该抛物线的焦点坐标为( ).

   A. $(-1,0)$　　　B. $(1,0)$　　　C. $(0,-1)$　　　D. $(0,1)$

2. 抛物线 $y=4x^2$ 的准线方程是( ).

   A. $x=-2$　　　B. $x=-1$　　　C. $y=\dfrac{1}{16}$　　　D. $y=-\dfrac{1}{16}$

3. 若抛物线 $y^2=mx$ 的准线方程为 $x=2$,则 $m=$( ).

   A. -8　　　B. 8　　　C. $-4\sqrt{2}$　　　D. $2\sqrt{2}$

4. 抛物线 $x^2=ay$ 的焦点坐标为( ).

   A. $\left(\dfrac{a}{4},0\right)$　　　B. $\left(-\dfrac{a}{4},0\right)$　　　C. $\left(0,-\dfrac{a}{4}\right)$　　　D. $\left(0,\dfrac{a}{4}\right)$

5. 顶点在坐标原点,对称轴为 y 轴,且经过点 $(-3,-4)$ 的抛物线的标准方程为( ).

   A. $x^2=\dfrac{9}{4}y$　　　B. $y^2=\dfrac{9}{4}x$　　　C. $x^2=-\dfrac{9}{4}y$　　　D. $y^2=-\dfrac{9}{4}x$

6. 抛物线 $y^2+x=0$ 的焦点位于( )

   A. x 轴正半轴　　　B. x 轴负半轴　　　C. y 轴正半轴　　　D. y 轴负半轴

二、填空题

7. 抛物线 $x=\dfrac{1}{2}y^2$ 的焦点坐标为_____,准线方程为_____.

8. 以 x 轴为对称轴,且经过点 $(-1,2)$ 的抛物线的标准方程为_____.

9. 已知抛物线形拱桥的顶点距水面 4 m 时,测得水面宽 16 m,当水面升高 1 m 后,水面的宽度是_____ m.

10. 已知圆 $x^2+y^2-6x-7=0$ 与抛物线 $y^2=2px(p>0)$ 的准线相切,则抛物线的标准方程为_____.

11. 抛物线 $y^2=-4x$ 的准线方程是_____.

12. 已知抛物线的顶点在坐标原点,焦点是圆 $(x+3)^2+y^2=1$ 的圆心,则抛物线的标准方程为_____.

三、解答题

13. 求顶点在坐标原点,对称轴为坐标轴,且经过点$(-6,-4)$的抛物线的标准方程.

14. 已知抛物线的顶点在坐标原点,焦点是直线$x-2y+4=0$与坐标轴的交点,求抛物线的标准方程.

15. 已知抛物线的顶点在坐标原点,与椭圆$\dfrac{x^2}{25}+\dfrac{y^2}{16}=1$有相同的焦点,求抛物线的标准方程.

2.4 二次曲线综合

知识要点梳理

一、直线与二次曲线(圆锥曲线)的位置关系

位置关系	从几何方面看(直线与二次曲线的交点个数)	从代数方面看(直线方程代入曲线方程消元 y,得到 $ax^2+bx+c=0$,若 $a\neq 0$)
相离	无交点	$\Delta=b^2-4ac<0$
相切	有一个交点	$\Delta=b^2-4ac=0$
相交	若二次曲线为圆或椭圆,有两个交点	$\Delta=b^2-4ac>0$

注:1. 相交时,得到 $ax^2+bx+c=0$,若二次曲线是抛物线,则直线与抛物线的对称轴平行,若二次曲线是双曲线,则直线与双曲线的渐近线平行或重合.

2. 直线与圆的位置关系,根据圆心到直线的距离 d 与半径 r 的关系判定更简单:
①$d<r$,相交;②$d=r$,相切;$d>r$,相离.

3. 直线与双曲线相交的情况比较复杂,在此不再赘述.

二、直线与二次曲线相交

1. 弦长:直线与二次曲线相交于 A、B 两点,则线段 AB 的长即为弦长.

2. 弦长公式:

设直线 l 的方程为 $y=kx+b$,二次曲线的方程为 $f(x,y)=0$,两交点 $A(x_1,y_1)$、$B(x_2,y_2)$,则 $|AB|=\sqrt{1+k^2}\sqrt{(x_1+x_2)^2-4x_1x_2}=\sqrt{1+k^2}\cdot|x_2-x_1|$.

典型例题剖析

例1 经过点 $M(2,1)$ 作直线 l 交双曲线 $x^2-\dfrac{y^2}{2}=1$ 于两点 A、B,且 M 为线段 AB 的中点,求直线 l 的方程.

解法一 设两交点 $A(x_1,y_1)$、$B(x_2,y_2)$,直线方程为 $y-1=k(x-2)$,即 $y=kx-2k+1$

由 $\begin{cases} y=kx-2k+1, \\ x^2-\dfrac{y^2}{2}=1 \end{cases}$ 得 $(2-k^2)x^2+2k(2k-1)x-(2k-1)^2-2=0$,$x_1+x_2=$

$\dfrac{2k(2k-1)}{k^2-2}$,又 AB 的中点为 $M(2,1)$,即 $x_1+x_2=4$,所以 $\dfrac{2k(2k-1)}{k^2-2}=4$,得 $k=4$.

所求直线方程是 $y-1=4(x-2)$,即 $4x-y-7=0$.

解法二 设两交点 $A(x_1,y_1)$、$B(x_2,y_2)$,因为 A、B 在双曲线上,所以有

$\begin{cases} x_1^2-\dfrac{y_1^2}{2}=1, \\ x_2^2-\dfrac{y_2^2}{2}=1. \end{cases}$ 两式相减,得 $x_1^2-x_2^2-\left(\dfrac{y_1^2}{2}-\dfrac{y_2^2}{2}\right)=0$.

$(x_1+x_2)(x_1-x_2)=\dfrac{(y_1+y_2)(y_1-y_2)}{2}$,又 AB 的中点为 $M(2,1)$,即 $x_1+x_2=4$,

$y_1+y_2=2$,所以 $\dfrac{y_1-y_2}{x_1-x_2}=4$,即直线斜率为 $k=4$.

所求直线方程是 $y-1=4(x-2)$,即 $4x-y-7=0$.

例2 直线 $y=2x+b(b\neq 0)$ 与双曲线 $\dfrac{x^2}{2}-\dfrac{y^2}{8}=1$ 的交点个数为( )个.

A.0   B.1   C.2   D.3

解析 双曲线 $\dfrac{x^2}{2}-\dfrac{y^2}{8}=1$ 的渐近线方程是 $y=\pm 2x$,直线 $y=2x+b(b\neq 0)$ 与渐近线平行,故选 B.

课堂小测试

1. 已知抛物线 $y^2=4x$ 与椭圆 $\dfrac{x^2}{9}+\dfrac{y^2}{m}=1$ 有共同的焦点 F_2,并且相交于 P、Q 两点.F_1 是椭圆的另一个焦点,求:

(1) m 的值;

(2) P、Q 两点的坐标;

(3) $\triangle PF_1F_2$ 的面积.

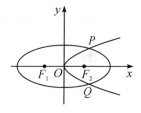

2. 已知抛物线的顶点在坐标原点,准线方程为 $4x+1=0$,

   (1) 求抛物线的标准方程;

   (2) 在抛物线上有一个动点 Q,求动点 Q 与点 $A(1,0)$ 的最小距离.

3. 已知圆 O 的标准方程为 $x^2+y^2=25$,一个椭圆的中心在坐标原点,焦点在 x 轴上,并且以圆 O 的直径为长轴长,离心率为 $\dfrac{4}{5}$.

   (1) 求椭圆的标准方程;

   (2) 过坐标原点 O,斜率为 $\dfrac{3}{5}$ 的直线 l,分别与椭圆和圆 O 交于 A、B、C、D 四点(如图所示),求 $|AC|+|BD|$ 的大小.

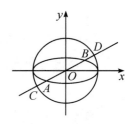

4. 设抛物线对称轴为坐标轴,顶点在坐标原点,焦点在圆 $x^2+y^2-2x=0$ 的圆心,过圆与轴的右交点作倾斜角为 $\dfrac{\pi}{4}$ 的直线与抛物线交于 A、B 两点,求

   (1) 直线 AB 与该抛物线的方程;

   (2) 线段 AB 的中心坐标与 $\triangle OAB$ 的面积.

5. 已知双曲线 $x^2-\dfrac{y^2}{m}=1$ 与抛物线 $y^2=8x$ 有共同的焦点 F_2,过双曲线的左焦点 F_1,作倾斜角是 $30°$ 的直线,与双曲线交于 A、B 两个点,求:

   (1) 直线和双曲线的方程;

   (2) $\triangle F_2AB$ 的面积.

6. 中心在坐标原点,焦点在 x 轴上的双曲线 C 的离心率为 $\dfrac{2\sqrt{3}}{3}$,且焦点到渐近线的距离为 1.

   (1) 求双曲线 C 的方程;

   (2) 过点 $M(3,1)$ 作直线 l 交双曲线 C 于 A、B 两点,且 M 恰为 AB 的中点,问:这样的直线 l 是否存在?若存在,求出 l 的方程;若不存在,请说明理由.

第2章 章节测试

——★★★——

一、选择题

1. 若椭圆 $\dfrac{x^2}{25}+\dfrac{y^2}{36}=1$ 上一点 P 到椭圆的一个焦点的距离为5,则该点到另一个焦点的距离为( ).

　　A. 5　　　　　B. 6　　　　　C. 7　　　　　D. 12

2. 以 $y=\pm\sqrt{3}x$ 为渐近线,一个焦点为 $F(-2,0)$ 的双曲线的标准方程为( ).

　　A. $\dfrac{x^2}{3}-y^2=1$　　B. $x^2-\dfrac{y^2}{3}=1$　　C. $\dfrac{y^2}{3}-x^2=1$　　D. $y^2-\dfrac{x^2}{3}=1$

3. 焦点坐标为 $(0,-3)$ 的抛物线方程为( ).

　　A. $x^2=-12y$　　B. $y^2=-12x$　　C. $x^2=12y$　　D. $y^2=12x$

4. 抛物线 $y^2=mx$ 的准线方程为 $x=3$,则 $m=$( ).

　　A. -12　　　　B. 12　　　　C. 6　　　　D. -6

5. 椭圆 $x^2+\dfrac{y^2}{4}=1$ 的离心率为( ).

　　A. $\dfrac{1}{2}$　　　　B. $\dfrac{\sqrt{3}}{2}$　　　　C. $\dfrac{\sqrt{5}}{2}$　　　　D. $\sqrt{3}$

6. 直线 $y=3x+b(b\neq 0)$ 与双曲线 $x^2-\dfrac{y^2}{9}=1$ 的交点有( )个.

　　A. 0　　　　　B. 1　　　　　C. 2　　　　　D. 3

7. 设 F_1、F_2 为双曲线 $\dfrac{x^2}{4}-y^2=1$ 的两个焦点,点 P 在双曲线上,且满足 $PF_1\perp PF_2$,则 $\triangle F_1PF_2$ 的面积为( ).

　　A. 1　　　　　B. $\dfrac{\sqrt{5}}{2}$　　　　C. 2　　　　　D. $\sqrt{5}$

8. 双曲线 $\dfrac{y^2}{2}-\dfrac{x^2}{4}=1$ 的渐近线方程为( ).

　　A. $y=\pm\dfrac{\sqrt{2}}{2}x$　　B. $y=\pm\dfrac{1}{2}x$　　C. $y=\pm 2x$　　D. $y=\pm\sqrt{2}x$

9. 抛物线 $x^2=4y$ 的焦点坐标为( ).

　　A. $(1,0)$　　　B. $\left(\dfrac{1}{4},0\right)$　　C. $\left(0,\dfrac{1}{4}\right)$　　D. $(0,1)$

10. 焦点在 x 轴上,实轴长为8,虚轴长为2的双曲线的标准方程为( ).

A. $\dfrac{y^2}{16}-x^2=1$ B. $\dfrac{y^2}{64}-\dfrac{x^2}{4}=1$ C. $\dfrac{x^2}{16}-y^2=1$ D. $\dfrac{x^2}{64}-\dfrac{y^2}{4}=1$

11. 顶点在坐标原点,准线为 $y=1$ 的抛物线标准方程为(　　).

   A. $y^2=4x$ B. $y^2=-4x$ C. $y^2=-2x$ D. $x^2=-4y$

12. 设方程 $kx^2+y^2=4$ 表示焦点在 x 轴上的椭圆,则 k 的取值范围是(　　).

   A. $(-\infty,-1)$ B. $(0,1)$ C. $(0,4)$ D. $(4,+\infty)$

13. 已知椭圆的长轴长是短轴长的 2 倍,且经过点 $P(0,2)$,则椭圆的标准方程为(　　).

   A. $\dfrac{x^2}{16}+\dfrac{y^2}{4}=1$ B. $\dfrac{y^2}{4}+x^2=1$

   C. $\dfrac{x^2}{16}+\dfrac{y^2}{4}=1$ 或 $\dfrac{y^2}{4}+x^2=1$ D. $\dfrac{x^2}{16}+\dfrac{y^2}{4}=1$ 或 $\dfrac{x^2}{4}+y^2=1$

14. 若直线 $y=x+b$ 与椭圆 $\dfrac{x^2}{4}+y^2=1$ 相交,则实数 b 的取值范围是(　　).

   A. $(-5,5)$ B. $[-5,5]$ C. $(-\sqrt{5},\sqrt{5})$ D. $[-\sqrt{5},\sqrt{5}]$

15. 等轴双曲线的离心率是(　　).

   A. $\dfrac{\sqrt{5}-1}{2}$ B. $\dfrac{\sqrt{5}+1}{2}$ C. 2 D. $\sqrt{2}$

二、填空题

16. 椭圆 $\dfrac{x^2}{m}+\dfrac{y^2}{4}=1$ 经过点 $(-2,\sqrt{3})$,则椭圆的焦距为_____.

17. 已知抛物线 $y^2=4x$ 上一点 M 到焦点的距离是 3,则点 M 的坐标为_____.

18. 如果方程 $\dfrac{x^2}{9-k}+\dfrac{y^2}{20-k}$ 表示焦点在 y 轴上的双曲线,则 k 的取值范围是_____.

19. 椭圆的长轴长是短轴长的 2 倍,则椭圆的离心率为_____.

20. 已知点 $A(0,-4)$,$B(0,4)$,则满足 $||PA|-|PB||=6$ 的动点 P 的轨迹方程为_____.

21. 设直线 $y=x+2$ 与抛物线 $y=x^2$ 交于 A、B 两点,则线段 AB 的中点坐标为_____.

22. 已知双曲线经过点 $A(3,4\sqrt{3})$,且一条渐近线为 $4x+3y=0$,则双曲线的标准方程为_____.

23. 以椭圆 $\dfrac{x^2}{4}+\dfrac{y^2}{16}=1$ 的焦点为顶点,且离心率与椭圆的离心率相同的椭圆方程为_____.

24. 已知双曲线的中心在坐标原点,焦点在 y 轴上,顶点间的距离为 6,渐近线方程

$y=\pm\sqrt{3}x$,则双曲线的标准方程为_____.

25. 若抛物线的顶点是双曲线 $\dfrac{x^2}{9}-\dfrac{y^2}{7}=1$ 的中心,焦点是双曲线的右焦点,则抛物线的标准方程是_____.

三、解答题

26. 已知椭圆的中心在坐标原点,一个顶点和一个焦点分别是直线 $x+2y-4=0$ 与两个坐标轴的交点,求椭圆的标准方程.

27. 已知椭圆与双曲线 $x^2-4y^2=4$ 有共同的焦点,其长轴长为 12,求椭圆的标准方程.

28. 已知双曲线的焦点在 x 轴上,两顶点之间的距离为 12,离心率是 $\dfrac{5}{3}$.求:

(1)双曲线的标准方程;

(2)双曲线的焦点坐标和渐近线的方程.

29. 设直线 $y=2x-b$ 与抛物线 $y^2=4x$ 交于 A、B 两点,且 $|AB|=3\sqrt{5}$.求:

(1) b 的值;

(2)设 P 是 x 轴上一点,当 $\triangle PAB$ 的面积等于 9 时,求点 P 的坐标.

30. 设抛物线的对称轴是坐标轴,顶点为坐标原点,焦点在圆 $x^2+y^2+2x=0$ 的圆心,过抛物线的焦点作倾斜角为 $\dfrac{3\pi}{4}$ 的直线与抛物线交于 A、B 两点,求:

(1)直线和抛物线的方程;

(2)线段 AB 的长.

第 3 章　概率与统计

知识构架

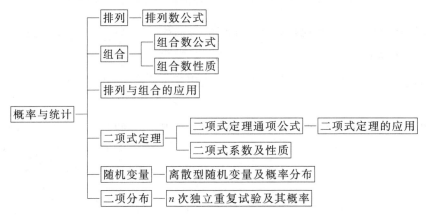

考纲要求

1. 知道分类计数原理和分步计数原理的区别,会用两个原理分析和解决一些简单问题.

2. 知道排列和组合的区别和联系,记住排列数和组合数公式,并能用它们解决一些简单应用问题;掌握组合数性质并能熟练应用.

3. 了解二项式定理,掌握二项式定理并能够运用它求展开式中指定的项.

4. 理解二项式系数的性质,掌握二项展开式的通项公式并能运用它求出二项式系数最大的项;掌握二项式系数与该项的系数的区别.

5. 认识独立重复试验模型,记住 n 次独立重复试验中恰好发生 k 次的概率公式并能简单应用.

6. 了解随机变量、离散型随机变量及其概率分布,能写出简单的离散型随机变量的概率分布.

3.1 排列与组合

学习目标导航

1. 理解排列的意义,掌握排列数的计算公式,能解决一些简单的问题.
2. 理解组合的意义,掌握组合数的计算公式和性质,并能用它解决一些简单的问题.
3. 会解简单的排列、组合的应用题,掌握解题的基本思想与方法.

第 1 课时　排列及排列数的计算

知识要点梳理

一、排列的定义

从 n 个不同元素中,任取 $m(m \leqslant n)$ 个元素,按照一定的顺序排成一列,叫作从 n 个不同元素中取出 m 个元素的一个排列. 如果 $m < n$,则这样的排列叫作选排列;如果 $m = n$,则这样的排列叫作全排列.

二、排列数公式

一般地,从 n 个不同元素中取出 $m(m \leqslant n)$ 个元素的所有排列的个数,叫作从 n 个不同元素中取出 m 个元素的排列数,记为 P_n^m.

$P_n^m = n(n-1)(n-2)(n-3)\cdots(n-m+1)$,其中 $n, m \in \mathbf{N}^+$,且 $m \leqslant n$.

当 $m = n$ 时,$P_n^m = n(n-1)(n-2)(n-3)\cdots 3 \times 2 \times 1$,称为 n 的阶乘,记为 $n!$.

规定 $0! = 1$. 排列数公式还可以写成 $P_n^m = \dfrac{n!}{(n-m)!}$.

典型例题剖析

例 1　在 4 名学生中,选出 2 人担任正、副班长,选法共有(　　)种.

解析　根据排列的定义,担任正、副班长不同,结果不同,因此选法种数是从 4 个不同元素中取出 2 个不同元素的排列数,故为 $P_4^2 = 12$.

例 2　$a \in \mathbf{N}^+, a \leqslant 20$,则 $(26-a)(27-a)(28-a)\cdots(35-a)$ 用排列数表示为(　　).

解析　根据排列数公式:$P_n^m = n \cdot (n-1) \cdot (n-2) \cdot \cdots \cdot (n-m+1)$,$n$ 是右边 m 个连续自然数乘积中最大的一个,故 $n = 35-a, m = (35-a)-(26-a)+1 = 10$,所以可表示为 P_{35-a}^{10}.

课堂小测试

一、选择题

1. 某段铁路共有 6 站,共需准备普通车票的种数是( )种.
   A. 30　　　B. 24　　　C. 15　　　D. 12

2. 有 4 本不同的书分给 4 位同学,每人一本,不同的分法有( ).
   A. 64 种　　B. 24 种　　C. 16 种　　D. 8 种

3. 从 5 人中选出 4 人完成 4 项不同的工作,不同的选法有( )种.
   A. 5　　　B. 120　　　C. 5^4　　　D. 4^5

4. 从 n 个不同元素中取出 2 个元素的排列数等于从 $(n-4)$ 个不同元素中取出 2 个元素的排列数的 7 倍,则元素的个数是( )个.
   A. 7　　　　　　　　B. 8
   C. 6　　　　　　　　D. $-\dfrac{10}{3}$

5. n 件不同产品排成一排,若其中 A、B 两件产品排在一起的不同排法有 48 种,则 $n=$( ).
   A. 4　　　　　　　　B. 5
   C. 6　　　　　　　　D. 7

6. 已知 $P_n^2 = 90$,则 $n=$( ).
   A. 8　　　　　　　　B. 9
   C. 10　　　　　　　 D. 11

二、填空题

7. 计算:$3P_5^3 + 4P_4^2 = $ _____.

8. 从 4 种蔬菜品种中选出 3 种,分别种植在不同土质的 3 块土地上进行试验,共有 _____ 种种植方法.

9. 计算:$\dfrac{P_7^5 - P_6^6}{7! + 6!} = $ _____.

10. 由 1,2,3,4,5,6 六个数字组成没有重复数字的五位数,共有 _____ 个.

三、解答题

11. 解方程：

(1) $3P_x^3 = 2P_{x+1}^2 + 6P_x^2$，求 x 值.

(2) $\dfrac{P_n^5 + P_n^4}{P_n^3} = 4$，求 n 值.

12. (1) 由数字 1,2,3,4,5 可以组成多少个没有重复数字的正整数？

(2) 由数字 1,2,3,4,5 可以组成多少个没有重复数字，并且比 13 000 大的正整数？

13. 一个小组有男生 6 人，女生 3 人，从中选出数学、英语课代表各一人，要求至少有一名女生，共有多少种选法？

14. 2017 年全国足球甲级联赛共有 14 队参加，每队都要与其余各队在主客场分别比赛 1 次，共进行多少场比赛？

第2课时 排列的应用(1)

知识要点梳理

常见排列应用问题及解法:

1. 相邻问题:采用捆绑法,即可以把相邻元素看作一个整体参与其他元素的排列.

2. 不相邻问题:采用插空法,即先考虑不受限制的元素的排列,再将不相邻的元素插在前面排列的空当中.

3. 某元素在某位置的问题:直接法,把有条件的元素放在相应位置,其余元素直接排列.

4. 某元素不在某位置的问题:通常采用

(1)元素分析法:对有限制条件的特殊元素先定位,其他元素再补充的方法;

(2)位置分析法:对有限制条件的特殊位置先定位,其他位置再补充的方法;

(3)间接法:先整体排列,再减去不合格的受条件限制的排列.

典型例题剖析

例 7位同学站成一排,在下列情况下各有多少种不同的排法:

(1) 分成两排(前3后4);(2)甲、乙两同学相邻;(3)甲、乙两同学不相邻;

(4)甲站在排头;(5)甲不在排尾;(6)甲不在排头,乙不在排尾.

解析 (1)可以看作7个元素的全排列,即$P_7^7=5\,040$(种).

(2)捆绑法:先将甲、乙两同学"捆绑"在一起看成一个元素,与其余的5个元素(同学)一起进行全排列;再将甲、乙两同学进行排列.所以这样的排法一共有$P_6^6 P_2^2=1\,440$(种).

(3)插空法:先安排除甲、乙以外的5人的排列,此时5个人产生6个空,再将甲、乙两同学插入6个空位中的2个位置,所以这样的排列共有$P_5^5 P_6^2=3\,600$(种).

(4)可以看作除甲外6个人的排列,所以有$P_6^6=720$(种).

(5)**解法一** 特殊元素分析法:先安排特殊元素甲除排头外的6个位置中的一个,再安排其余6人的全排列,所以有$P_6^1 P_6^6=4\,320$(种).

解法二 特殊位置分析法:先安排特殊位置排头,即6个同学中的一个站在排头,再安排其余6个位置的全排列,所以共有$P_6^1 P_6^6=4\,320$(种).

解法三 间接法:先将7个同学全排列,再减去甲在排头不合格的排列,所以有P_7^7-

$P_6^6 = 4\ 320$(种).

(6)**解法一** 特殊位置分析法:甲不在排头谁在,将问题分为两类:

第一类:乙在排头,共有 P_6^6 种;

第二类:乙不在排头,由于乙又不能排在排尾,甲又不能排在排头,因此分步进行:

第一步:排乙,有 P_5^1 种方法;第二步:排甲,有 P_5^1 种方法;第三步:排其余5人,有 P_5^5 种,由分类计数原理,共有 $P_6^6 + P_5^1 P_5^1 P_5^5 = 3\ 720$(种).

解法二 特殊元素分析法:甲不在排头甲在哪,将问题分为两类:

第一类:甲在排尾,共有 P_6^6 种;

第二类:甲不在排尾,由于甲不能排在排尾,乙又不能排在排尾,因此分步进行:

第一步:先排排尾,有 P_5^1 种方法;第二步:排甲,有 P_5^1 种方法;第三步:排其余5人,有 P_5^5 种方法,由分类计数原理,共有 $P_6^6 + P_5^1 P_5^1 P_5^5 = 3\ 720$(种).

解法三 间接法:7个同学的全排列,减去甲在排头的排列,再减去乙在排尾的排列,再加上甲在排头乙在排尾的排列,所以共有 $P_7^7 - 2P_6^6 + P_5^5 = 3\ 720$(种).

课堂小测试

一、选择题

1. 用0,1,2,3,4五个数字组成没有重复数字的三位数,有( )个.

    A.15   B.24   C.48   D.60

2. 5个人排成一排照相,甲必须站在排尾的排法有( )种.

    A.24   B.48   C.96   D.120

3. 有5名男生、3名女生排成一排,如果女生不站排头,并且任何2个女生不相邻,则不同的排法有( )种.

    A. $P_5^5 P_3^3$ B. $P_5^5 P_6^3$ C. $P_5^5 P_5^3$ D. $P_5^5 P_3^1$

4. 4对夫妻坐在一排照相,每对夫妻都不能分开坐,则不同的坐法有( )种.

    A.24   B.16   C.384   D.1 152

5. 取1,2,3,4,5这5个数字中的2个分别作为一个对数的底数和真数,则所得的不同值有( )个.

    A.12   B.13   C.16   D.20

6. 若 x,y 分别从0,1,2,3,4,5,6,7,8,9,10中取值,则点 $P(x,y)$ 在第一象限的个数为( )个.

    A.81   B.99   C.100   D.121

二、填空题

7. 用 1,2,3,4,5 组成没有重复数字的五位数,其中 3,4,5 排在一起的数有_____个.

8. 6 个人排成一列,其中甲、乙、丙三人不都站在一起的排法有_____种.

9. 6 个人排成一列,甲不在排头乙不在排尾的排法有_____种.

10. 5 名学生、3 名老师站成一排照相,3 名老师不相邻的排法有_____种.

三、解答题

11. 有 7 名学生,其中 3 名女生,4 名男生,站成一排,求下列不同的排列种数:

    (1) 女生和女生站在一起,男生和男生站在一起;

    (2) 甲站在中间的位置;

    (3) 3 名女生不相邻;

    (4) 甲、乙两人不相邻;

    (5) 甲不站在排头或排尾;

    (6) 分成 2 排,前 3 后 4,且女生甲在前排,男生乙、丙在后排.

12. 用 0,1,2,3,4,5 六个数字,回答下列问题:

    (1) 可以组成多少个没有重复数字的四位数?

    (2) 可以组成多少个没有重复数字的四位奇数?

    (3) 可以组成多少个没有重复数字的四位偶数?

    (4) 可以组成多少个没有重复数字且能被 5 整除的四位数?

    (5) 可以组成多少个没有重复数字且大于 2 000 的四位数?

13. 某信号兵用红、黄、蓝三面旗从上到下挂在竖直的旗杆上表示信号,每次可以任意挂1面、2面、3面,并且不同的顺序表示不同的信号,一共可以表示多少种不同的信号?

第3课时　排列的应用(2)

知识要点梳理

常见的排列应用问题及解法:

1. 间隔问题:捆绑法,类似于相邻问题.

2. 相间问题:插空法,类似于不相邻问题.

3. 特定顺序问题.

(1)除法:先把几个特定元素与其他元素一起进行排列,然后用总的排列数除以这几个特定元素之间的全排列.

(2)插空法:先把除特定元素之外的几个元素进行排列,其余的几个位置排特定元素,只有一种排法.

4. 较复杂的排列问题.

(1)枚举法:把符合条件的排列一一写出.

(2)间接法:正难则反,即从总排列数中减去不符合条件的排列数.

典型例题剖析

例1　3名女同学、4名男同学站成一排照相,其中要求从左到右,女生按从高到低顺序排列,有多少种排法?

解析　**解法一**　先在7个位置上做全排列,然后除以3个女生的排列,故有 $\dfrac{P_7^7}{P_3^3}=840$(种)排法;

解法二　先将没有限制条件的元素进行排列,然后剩下3个位置3个人只有1种排法,所以有 $P_7^4=840$(种)排法.

例2 8名同学排成一排照相,其中甲、乙之间必须间隔2人,有多少种排法?

解析 先从其余6人中选2人置于甲、乙之间;然后将这4个人看作一个整体与其余的4人进行排列;最后将甲、乙2人调换位置,所以有 $P_6^2 P_5^5 P_2^2$ 种排法.

例3 4名女同学、5名男同学站成一排照相,要求男女相间排列,有多少种排法?

解析 先把4名女同学全排,再把5名男同学插入4名女同学中间,所以有 $P_4^4 P_5^5$ 种排法.

课堂小测试

一、选择题

1. 从集合 $A = \{1,2,3,4,5,6,7,8,9,10\}$ 中每次取出6个元素,按由小到大的顺序排列,这样的排列有( )个.

   A. $\dfrac{P_{10}^6}{P_6^2}$ B. P_{10}^6 C. $\dfrac{1}{2} P_{10}^7$ D. $2 C_9^7$

2. 在所有的两位数中,个位数比十位数大的两位数有( )个.

   A. 40   B. 36   C. 28   D. 90

3. 8个同学互通一封信,共通( )封信.

   A. 28   B. 56   C. 32   D. 16

4. 用1、2、3、4四个数字组成没有重复数字的自然数的个数为( )个.

   A. 64   B. 60   C. 24   D. 256

5. 3名男生和2名女生排成一列,要求男女相间排列的排法有( )种.

   A. 120   B. 60   C. 24   D. 12

6. A、B、C、D、E五件古董排成一排,A必须排在B之前的不同排列数有( )个.

   A. 24   B. 12   C. 60   D. 120

二、填空题

7. 3名男生、3名女生,要求男女相间排列,不同的排法有_____种.

8. 5个人站成一排,其中甲不站最左端,并且不和乙同学相邻的排法有_____种.

9. 一个小组有男生5人、女生3人,从中选出正、副组长各1人,要求至少有一名女生,共有_____种选法.

10. 8个座位,3个人去坐,每个人一个座位,且要求每个人两边都有空座位,有_____种方法.

三、解答题

11. 从 3、5、8、12 这四个数中任取两个数作差,可得到多少个不相等的差值?

12. 某商场有 10 个展架排成一排,展示 10 台不同的电视机,其中甲厂 5 台,乙厂 3 台,丙厂 2 台,若要求同厂的产品分别集中,且甲厂产品不在两端,则不同的陈列方式有多少种?

13. 5 男 5 女 10 名同学排成一排,求下列不同的排列数:

(1) 女生甲与女生乙间隔 2 人;

(2) 女生甲与女生乙间隔 1 名男生;

(3) 女生不站两端;

(4) 男女生相间排列;

(5) 5 名女生必须相邻;

(6) 5 名女生不站在一起.

第4课时 组合及组合数的计算

知识要点梳理

1. 组合定义

一般地,从 n 个不同元素中,任取 $m(m\leqslant n)$ 个元素并成一组,叫作从 n 个不同元素中取出 m 个元素的一个组合.

2. 组合数

一般地,从 n 个不同元素中取出 $m(m\leqslant n)$ 个元素的所有组合的个数,叫作从 n 个不同元素中取出 m 个元素的组合数,用符号 C_n^m 表示.

3. 组合数公式

$C_n^m = \dfrac{P_n^m}{P_m^m} = \dfrac{n(n-1)(n-2)\cdots(n-m+1)}{m!}$. 其中 $n, m \in \mathbf{N}^+$,且 $m \leqslant n$. 组合数公式还可以写成 $C_n^m = \dfrac{n!}{(n-m)!\, m!}$.

4. 组合数的两个性质

$C_n^m = C_n^{n-m}$;$C_{n+1}^m = C_n^m + C_n^{m-1}$.

典型例题剖析

例1 (1)某医院有 6 名医生,现从中选派 2 人到一所学校进行体检,共有多少种不同的选派方法?

(2)某医院有 6 名医生,现从中选派 2 人分别到第一实验小学、第二实验小学进行体检,共有多少种不同的选派方法?

解析 主要区分排列和组合问题.(1)选派医生到一所学校进行体检没有顺序,属于组合问题,共有 C_6^2 种不同的选派方法;(2)选派医生到不同的学校进行体检,有顺序,属于排列问题,共有 P_6^2 种不同的选派方法.

例2 填空:(1)$C_{100}^{98} = $ _____ ;(2)$C_{12}^x = C_{12}^{2x-3}$,则 $x = $ _____ ;

(3)$C_{n+1}^7 - C_n^7 = C_n^8$,则 $n = $ _____.

解析 主要考查组合数的两个性质的应用.

(1)由组合数性质 $C_n^m = C_n^{n-m}$,得 $C_{100}^{98} = C_{100}^2 = 4\,950$;

(2)由组合数性质 $C_n^m = C_n^{n-m}$,得 $x = 2x-3$ 或 $x+(2x-3)=12$,所以 $x=3$ 或 $x=5$;

(3)由组合数性质 $C_{n+1}^m = C_n^m + C_n^{m-1}$,得 $C_{n+1}^7 = C_n^7 + C_n^6$,所以原式变形为 $C_n^6 = C_n^8$,故 $n = 14$.

课堂小测试

一、选择题

1. 某段铁路共有 6 个车站,有( )种不同的车票票价.
   A. 15　　　　B. 30　　　　C. 24　　　　D. 64

2. 圆上有 8 个点,过每 3 点画一个圆内接三角形,一共可以画出( )个三角形.
   A. 28　　　　B. 56　　　　C. 36　　　　D. 64

3. 某商店有 10 种不同花色的上衣和 6 种不同花色的裙子,某人要买上衣和裙子各 2 件,那么她选择的方法共有( )种.
   A. C_6^2
   B. C_{10}^2
   C. $C_6^2 C_{10}^2$
   D. $P_6^2 P_{10}^2$

4. 两平行线分别有 3 个点、4 个点,每两点确定一条直线,可以确定的直线的条数为( )条.
   A. 12　　　　B. 14　　　　C. 15　　　　D. 28

5. 从 10 名同学中选出 3 名代表,所有可能的不同选法有( )种.
   A. 120　　　B. 240　　　C. 720　　　D. 30

6. 凸十边形共有对角线( ).
   A. 90 条　　B. 70 条　　C. 45 条　　D. 35 条

二、填空题

7. $C_3^3 + C_4^3 + C_5^3 + \cdots + C_{10}^3 = \underline{\qquad}$.

8. $C_{10}^5 - C_9^4 = \underline{\qquad}$.

9. 10 个人相互握手告别,总共握手_____次.

10. 5 个人同时被邀请参加一项活动,必须有人去,去几个人自行决定,共有_____种去法.

11. 有 13 个队参加篮球赛,比赛时先分成两组,第一组 7 个队,第二组 6 个队,各组都进行单循环赛(即每队都要与本组其他各队比赛一场),然后由各组的前两名共 4 个队进行单循环赛决定冠、亚军,共需要比赛_____场.

三、解答题

12. $C_n^{n-2}=36$,求 n 值.

13. 有 10 名教师,其中女教师 6 名,男教师 4 名.

    (1)现要从中选 2 人去参加会议,有多少种不同的选法?

    (2)现要从中选出男、女教师各 2 人去参加会议,有多少种不同的选法?

14. 4 个男同学进行乒乓球双打比赛,有几种配组方法?

第 5 课时 组合的应用

知识要点梳理

典型的组合问题及解法:

1.含与不含某个(类)元素的组合问题.通常采用直接法,复杂的情况采用间接法.

2.至多(至少)含某类元素中 k 个元素的组合问题,做到分类准确,不重复、不遗漏.通常采用直接法,复杂的情况采用间接法.

3.分组分配问题,分清楚元素到位与不到位的区别,平均与不平均的区别.

典型例题剖析

例1 一个小组有8名男生,5名女生,从中选3名代表.

(1)恰有1名女生,有多少种选法?

(2)至少有1名女生,有多少种选法?

(3)男生甲必须在内,有多少种选法?

解析 (1)从5名女生中选1名女生有C_5^1种方法,从8名男生中选2名男生有C_8^2种方法,由分步计数原理,恰有1名女生的选法有$C_5^1 C_8^2 = 140$(种).

(2)**解法一** 直接法.

"至少有1名女生"包括恰有1名女生和恰有2名女生、恰有3名女生的情况,分三类情况求解:

第一类:恰有1名女生的选法有$C_5^1 C_8^2$种;

第二类:恰有2名女生的选法有$C_5^2 C_8^1$种;

第三类:恰有3名女生的选法有C_5^3种.

由分步计数原理,至少有1名女生的选法有$C_5^1 C_8^2 + C_5^2 C_8^1 + C_5^3 = 230$(种).

解法二 间接法.

从13名学生中选3名学生的总数减去选出3名学生全为男生的总数,即至少有1名女生的选法$C_{13}^3 - C_8^3 = 230$(种).

(3)男生甲必须在内,有$C_{12}^2 = 66$(种).

例2 4名学生和2名教师分成两组去甲、乙两地参加社会实践活动,每组2名学生和1名教师,共有多少种不同的分配方法?

解析 分两步:(1)4名学生分配到甲、乙两地,共有$C_4^2 C_2^2$种方法;

(2)2名学生分配到甲、乙两地,共有$C_2^1 C_1^1$种方法;

因此共有$C_4^2 C_2^2 C_2^1 C_1^1 = 12$(种).

课堂小测试

一、选择题

1.某乒乓球队有9名队员,其中2名是种子选手,现要挑选5名队员参加比赛,种子选手必须在内,那么有( )种选法.

A. 126   B. 84   C. 35   D. 21

2.100件产品中有5件次品,现从中任意抽出3件,至少有1件是次品的抽法有

( )种.

A. $C_{100}^3 - C_{95}^3$　　B. $P_5^1 P_{95}^2$　　C. $P_{100}^3 - P_{95}^3$　　D. $C_5^2 C_{95}^1$

3. 两组平行线相交,一组平行线有4条,另一组平行线有5条,共可交出平行四边形( )个.

A. 20　　B. 60　　C. 120　　D. 240

4. 某班有50名学生,其中有一名正班长,一名副班长,现选派5人参加一个游览活动,其中至少有一名班长(正、副均可)参加,共有多种不同的选法,错误的是( ).

A. $C_2^1 C_{48}^4 + C_2^2 C_{48}^3$　　　　B. $C_{50}^5 - C_{48}^5$

C. $C_2^1 C_{49}^4$　　　　D. $C_2^1 C_{49}^4 - C_{48}^3$

5. 从7名男队员和5名女队员中选出4人进行乒乓球男女混合双打,共有组队方法( )种.

A. $C_7^2 C_5^2$　　B. $4C_7^2 C_5^2$　　C. $2C_2^2 P_2^2$　　D. $P_2^2 C_7^2 C_5^2$

6. 3名医生和6名护士被分配到3所学校进行体检,每所学校分配1名医生和2名护士,共有( )种分配方法.

A. $C_3^1 C_6^2 + C_2^1 C_4^2 + C_1^1 C_2^2$　　　　B. $P_3^1 P_6^2 + P_2^1 P_4^2 + P_1^1 P_2^2$

C. $P_3^1 P_6^2 + P_2^1 P_4^2$　　　　D. $P_3^3 C_6^2 C_4^2 C_2^2$

二、填空题

7. 从3名女生和10名男生中选6人去参加比赛,女生不能不去也不能全去,则有_____种选法.

8. 某同学逛书店,发现3本自己喜欢的书,决定至少买其中的一本,则有_____种购买方案.

9. 从1,2,3,4,5,6,7,8,9这九个数字中取出2个数,使它们的和是偶数,共有_____种方法.

10. 将4本不同的书分给2位同学,共有_____种分法.

三、解答题

11. 某赈灾区医疗队由4名外科医生和8名内科医生组成,现需从中选派4名医生去执行一项任务.

(1)若某内科医生必须参加,而某外科医生因故不能参加,则有多少种选派方法?

(2)若选派的4名医生中至少有1名内科和外科医生参加,则有多少种选派方法?

(3) 若选派的 4 名医生中内科医生和外科医生各半,则有多少种选派方法?

(4) 若选派的 4 名医生中内科医生甲和外科医生乙必须在内,则有多少种不同的选派方法?

(5) 若选派的 4 名医生中恰有 1 名内科医生,则有多少种不同的选派方法?

(6) 若选派的 4 名医生中最多有 1 名内科医生,则有多少种不同的选派方法?

12. 一个口袋中有 4 个不同的红球,6 个不同的白球,从中任取 4 个球,取出的球中红球比白球多的取法有多少种?红球不少于白球的取法有多少种?

13. 6 本不同的书,按下列条件,各有多少种不同的分法:

(1) 分给甲、乙、丙 3 人,每人 2 本;

(2) 分成 3 份,每份 2 本;

(3) 分成 3 份,一份 1 本,一份 2 本,一份 3 本;

(4) 分给甲、乙、丙 3 人,一人 1 本,一人 2 本,一人 3 本.

第6课时 排列组合的综合应用

知识要点梳理

排列问题与组合问题的根本区别在于,取出元素后是否按一定顺序排列.元素需要按一定顺序排列,属排列问题;不需要考虑元素顺序,属组合问题.解决排列、组合综合题,通常先考虑组合后考虑排列.

典型例题剖析

例1 某班共有25名团员,其中10名男团员,15名女团员,要选出5名团员组成支委会,其中2名男团员,3名女团员分别担任不同的工作,有多少种不同的选法?

解析 先按条件选够人数再去排列,因此适合条件的选法共有 $C_{10}^2 C_{15}^3 P_5^5$ 种.

例2 将4个不同的小球随机地放到3个盒子中,每个盒子中至少放一球的方法有多少种?

解析 由题意得,为满足每个盒子至少放一球应先将4个小球分成3组,再放到3盒子中(其中有一组必有2个球),因此适合条件的方法共有 $C_4^2 P_3^3 = 36$(种).

课堂小测试

一、选择题

1. 从 1,3,5,7,9 中任取 3 个数字,从 2,4,6,8 中任取 2 个数字,一共可以组成( )个没有重复数字的五位数.

   A. $P_5^3 P_4^2$　　　B. $C_5^3 C_4^2$　　　C. $C_5^3 C_4^2 P_5^5$　　　D. P_9^5

2. 将 5 个不同的球放到不同的 4 个盒子中,每个盒子中至少放 1 球,若甲球必须放入 A 盒,则有( )种不同的放法.

   A. 120　　　B. 72　　　C. 60　　　D. 56

3. 200 件产品中有 3 件次品,现从中任意抽取 5 件,其中至少有 1 件次品的抽法有( )种.

   A. $C_{100}^2 C_{197}^3$　　B. $C_3^1 C_{197}^4 + C_3^2 C_{197}^3$　　C. $C_{200}^5 - C_{197}^5$　　D. $C_{200}^5 - C_2^1 C_{197}^4$

4. 有 2 名男生,3 名女生,从中选 3 人去敬老院打扫卫生,要求必须有男生,则不同的选法有( )种.

   A. 3　　　B. 6　　　C. 9　　　D. 12

5. 从 5 台甲型和 4 台乙型电视机中任取 3 台,其中至少要有甲型和乙型电视机各一台,则不同的取法有( )种.
   A. 140   B. 84   C. 70   D. 15

6. 将标号为 1,2,3,4,5,6 的六张卡片放到 3 个不同的信封中,若每个信封放 2 张,其中标号为 1、2 的卡片放入同一信封,则不同的放法共有( )种.
   A. 12   B. 18   C. 36   D. 54

二、填空题

7. 3 名旅客在 3 家旅店投宿,恰有 1 个旅店没人住的方法有_____种.

8. 3 名学生坐在一排的 7 个座位上,若每个学生的左右两边都有空座位,则不同坐法有_____种.

9. 将 10 本相同的书分给 4 个人,每人至少 1 本,有_____种分法.

10. 不共面的 4 点,可以确定_____个平面.

三、解答题

11. 某仪器显示屏上一排有 5 个孔,每个小孔可显示 0 或 1,若每次显示其中的 2 个孔,但相邻的 2 个孔不能同时显示,则这个显示屏能显示出多少个不同的信号?

12. 马路上有 10 盏路灯,为节约用电又能看清楚路面,可以把其中的 3 盏灯关掉,但不能同时关掉相邻的两盏,在两端的灯也不能关掉的情况下,有多少种关灯方法?

13. 有11个人,其中5人只能当钳工,4人只能当车工,还有2人既能当钳工又能当车工.现在要从这11个人中选出4人当钳工,4人当车工,一共有多少种选法?

14. 平面内有10个点,其中有4个点在一条直线上,此外没有3点共线,最多可确定多少条直线?

15. 从5名男生、3名女生中选5名担任5门不同学科的课代表,求符合下列条件的不同选法:

(1)3名男生和2名女生担任课代表;

(2)女生甲担任语文课代表;

(3)男生乙担任课代表,但不担任数学课代表,女生甲担任语文课代表.

3.2 二项式定理

学习目标导航

1. 掌握二项式定理并会简单的应用.
2. 掌握二项展开式的通项公式并能运用它求出二项式系数最大的项.
3. 理解二项式系数的性质,掌握二项式系数与该项系数的区别.

知识要点梳理

一、二项式定理

$(a+b)^n = C_n^0 a^n + C_n^1 a^{n-1} b^1 + \cdots + C_n^m a^{n-m} b^m + \cdots + C_n^n b^n$

这个公式所表示的规律叫作二项式定理,右边的多项式叫作 $(a+b)^n$ 的二项展开式,共有 $n+1$ 项,其中每一项的系数 $C_n^m (m=0,1,2,\cdots,n)$ 叫作该项的二项式系数,第 $m+1$ 项 $C_n^m a^{n-m} b^m$ 叫作二项式的通项,记作 T_{m+1},即 $T_{m+1} = C_n^m a^{n-m} b^m$.

二、二项式系数的性质

$(a+b)^n$ 的展开式的二项式系数是 $C_n^0, C_n^1, C_n^2, \cdots, C_n^n$.

(1) 在二项展开式中,与首末两端"等距离"的两项的二项式系数相等,即 $C_n^m = C_n^{n-m}$;

(2) 如果二项式 $(a+b)^n$ 的幂指数 n 是偶数,那么它的二项展开式中间一项的二项式系数最大,即第 $\dfrac{n}{2}+1$ 项的二项式系数最大;

(3) 如果二项式 $(a+b)^n$ 的幂指数是奇数,那么它的二项展开式中间两项的二项式系数最大,即第 $\dfrac{n+1}{2}$ 项和第 $\dfrac{n+3}{2}$ 项的二项式系数相等且最大;

(4) 重要结论:

$C_n^0 + C_n^1 + \cdots + C_n^m + \cdots + C_n^n = 2^n$; $C_n^1 + C_n^2 + \cdots + C_n^m + \cdots + C_n^n = 2^n - 1$;

$C_n^0 + C_n^2 + C_n^4 + \cdots + C_n^n = 2^{n-1}$ (n 为偶数);

$C_n^1 + C_n^3 + C_n^5 + \cdots + C_n^n = 2^{n-1}$ (n 为奇数);

$C_n^0 + C_n^2 + C_n^4 + \cdots = C_n^1 + C_n^3 + C_n^5 + \cdots$.

典型例题剖析

例1 如果 $\left(x+\dfrac{1}{x}\right)^{2n}$ 展开式中第 4 项与第 6 项的系数相等,求 n,并求展开式中的常数项.

解析 由 $C_{2n}^3 = C_{2n}^5$,可得 $3+5=2n$,得 $n=4$.

则 $T_{m+1} = C_8^m \cdot x^{8-m} \cdot x^{-m} = C_8^m \cdot x^{8-2m}$.

令 $8-2m=0$,即 $m=4$,所以常数项为 $T_5 = C_8^4 = 70$.

例2 已知 $\left(\sqrt{x}+\dfrac{1}{2\cdot\sqrt[4]{x}}\right)^n$ 的展开式中,前三项系数成等差数列.

(1)求 n;

(2)求第 3 项的二项式系数及该项的系数;

(3)求含 x 项的系数.

解析 (1)由前三项系数 $1,\dfrac{1}{2}C_n^1,\dfrac{1}{4}C_n^2$ 成等差数列,得 $2\times\dfrac{1}{2}C_n^1 = 1+\dfrac{1}{4}C_n^2$,即 $n^2-9n+8=0$,解得 $n=8$ 或 $n=1$(舍).所以 $n=8$.

(2)由(1)知 $n=8$,得 $T_3 = C_8^2 \cdot (\sqrt{x})^{8-2} \cdot \left(\dfrac{1}{2}\cdot\sqrt[4]{\dfrac{1}{x}}\right)^2 = \left(\dfrac{1}{2}\right)^2 \cdot C_8^2 \cdot x^{\frac{5}{2}}$.所以第 3 项的二项式系数为 $C_8^2 = 28$.第 3 项系数为 $\left(\dfrac{1}{2}\right)^2 \cdot C_8^2 = 7$.

(3)$T_{m+1} = C_8^m \cdot (\sqrt{x})^{8-m} \cdot \left(\dfrac{1}{2}\times\sqrt[4]{\dfrac{1}{x}}\right)^m = \left(\dfrac{1}{2}\right)^m \cdot C_8^m \cdot x^{4-\frac{3}{4}m}$.

令 $4-\dfrac{3}{4}m=1$,得 $m=4$.

所以含 x 项的系数为 $\left(\dfrac{1}{2}\right)^4 \cdot C_8^4 = \dfrac{35}{8}$.

课堂小测试

一、选择题

1. $\left(\dfrac{\sqrt{x}}{a^2}-\dfrac{a}{\sqrt{x}}\right)^6$ 展开式中,第 5 项是( ).

   A. $-\dfrac{15}{x}$ B. $-\dfrac{6x^2}{a^3}$ C. $\dfrac{20}{x}$ D. $\dfrac{15}{x}$

2. $\left(3x-\dfrac{2}{\sqrt{x}}\right)^n$ 展开式中第 9 项是常数项,则 n 的值是( ).

A. 13　　　　B. 12　　　　C. 11　　　　D. 10

3. $(x-2)^9$ 的展开式中,第6项的二项式系数是(　　).

　　A. 4 032　　B. $-$4 032　　C. 126　　D. $-$126

4. $(1-2x)^{10}$ 的展开式中,含 x^3 项的系数是(　　).

　　A. 120　　B. $-$120　　C. 960　　D. $-$960

5. $(1+x)+(1+x)^2+(1+x)^3+\cdots+(1+x)^{10}$ 的展开式中,含 x^8 项的系数是(　　).

　　A. 10　　B. 45　　C. 54　　D. 55

6. $(x+y)^n$ 的展开式中,第4项与第6项的系数相等,则 n 为(　　).

　　A. 8　　B. 9　　C. 10　　D. 11

二、填空题

7. $C_5^0+C_5^1+C_5^2+C_5^3+C_5^4+C_5^5=$ _____.

8. 在 $\left(\sqrt{x}+\dfrac{1}{2x}\right)^n$ 的展开式中,前三项的系数成等差数列,则 n 的值为 _____.

9. 已知 $(1-2x)^9=a_0+a_1x+a_2x^2+\cdots+a_9x^9$,则 $a_0+a_1+a_2+\cdots+a_9=$ _____.

10. $\left(x+\dfrac{1}{\sqrt[3]{X}}\right)^8$ 的展开式中的常数项为 _____.

三、解答题

11. 求 $\left(\dfrac{1}{2}x+1\right)^{10}$ 的二项展开式中 x^3 的系数.

12. 求 $\left(x-\dfrac{\sqrt{2}}{x}\right)^9$ 的展开式中二项式系数最大的项,并指出这项的二项式系数和系数.

13. 求 $\left(\sqrt{x}-\dfrac{1}{\sqrt{x}}\right)^{10}$ 的二项展开式中含 x^2 的项及二项式系数最大的项.

3.3 离散型随机变量及其分布

1. 了解随机变量、离散型随机变量及其概率分布的概念.
2. 掌握简单的离散型随机变量的概率分布.

一、随机变量

1. 随机变量：如果随机试验的结果可以用一个变量的取值来表示，这个变量的取值带有随机性，并且取这些值的概率是确定的，那么这个变量叫作随机变量，通常用小写希腊字母 ξ、η 等表示（或用大写字母 X、Y、Z 表示）.

2. 离散型随机变量：随机变量的所有可能取的值，可以一一列出，这种随机变量叫作离散型随机变量.

二、离散型随机变量 ξ 的概率分布

1. 离散型随机变量 ξ 的概率分布：离散型随机变量 ξ 的所有可能取值 $x_1, x_2, x_3, \cdots$，与其对应的概率 $P(\xi=x_i)=P_i(i=1,2,3,\cdots)$ 所组成的表

ξ	x_1	x_2	$\cdots$	x_i	$\cdots$
P	P_1	P_2	$\cdots$	P_i	$\cdots$

叫作离散型随机变量 ξ 的概率分布（或分布列）.

2. 由概率的性质知道,离散型随机变量的概率分布具有下列性质:

(1) $P_i \geq 0 (i=1,2,3,\cdots)$;

(2) $P_1 + P_2 + P_3 + \cdots = 1$.

3. 计算离散型随机变量的概率分布的主要步骤为:

(1) 写出随机变量的所有取值;

(2) 计算出各个取值对应的随机事件的概率;

(3) 列出表格. 注意验证

$$P_i \geq 0 (i=1,2,3,\cdots) \text{ 与 } P_1 + P_2 + P_3 + \cdots = 1$$

典型例题剖析

例1 将一枚均匀的硬币投掷一次,求出现反面次数 ξ 的概率分布.

解析 由于只能出现正面和反面两种结果,因此随机变量 ξ 的可能取值只有 0 和 1. 并且 $P(\xi=0)=\dfrac{1}{2}, P(\xi=1)=\dfrac{1}{2}$.

所以 ξ 的概率分布为

ξ	0	1
P	$\dfrac{1}{2}$	$\dfrac{1}{2}$

例2 某小组有 6 名男生与 4 名女生,任选 3 个人去参观,求所选 3 个人中男生数目 ξ 的概率分布.

解析 随机变量 ξ 的所有可能取值为 0,1,2,3,并且

$$P(\xi=0)=\dfrac{C_6^0 \cdot C_4^3}{C_{10}^3}=\dfrac{1}{30}, P(\xi=1)=\dfrac{C_6^1 \cdot C_4^2}{C_{10}^3}=\dfrac{3}{10},$$

$$P(\xi=2)=\dfrac{C_6^2 \cdot C_4^1}{C_{10}^3}=\dfrac{1}{2}, P(\xi=3)=\dfrac{C_6^3 \cdot C_4^0}{C_{10}^3}=\dfrac{1}{6}.$$

所以 ξ 的概率分布为

ξ	0	1	2	3
P	$\dfrac{1}{30}$	$\dfrac{3}{10}$	$\dfrac{1}{2}$	$\dfrac{1}{6}$

课堂小测试

一、选择题

1. 已知离散型随机变量 ξ 的概率分布为

ξ	0	1	2	3
P	0.12		0.36	0.24

则 $P(\xi=1)=$ (　　).

A. 0.24　　　　B. 0.28　　　　C. 0.48　　　　D. 0.52

2. 5 人排成一排照相,其中甲、乙不相邻的概率是(　　).

A. $\dfrac{2}{5}$　　　　B. $\dfrac{1}{5}$　　　　C. $\dfrac{4}{9}$　　　　D. $\dfrac{3}{5}$

3. 从 1,2,3,…,9 九个数字中任意抽取 3 个,抽到奇数的个数用 ξ 表示,则 ξ 所有的可能取值有(　　)个.

A. 3　　　　B. 4　　　　C. 2　　　　D. 1

4. 袋中有 5 个大小相同的小球,其中 2 个白球、3 个红球,从袋中任意取出 2 个小球,抽出的球为同色的概率为(　　).

A. $\dfrac{12}{25}$　　　　B. $\dfrac{7}{15}$　　　　C. $\dfrac{2}{5}$　　　　D. $\dfrac{3}{5}$

5. 某小组有 2 名女生和 4 名男生,任选 2 人去参加某项活动,其中男生、女生各一名参加的概率是(　　).

A. $\dfrac{2}{5}$　　　　B. $\dfrac{8}{15}$　　　　C. $\dfrac{7}{15}$　　　　D. $\dfrac{3}{5}$

6. 从 0,1,2,3,4,5 这六个数字中任意抽取 2 个,若抽到偶数的个数用 ξ 表示,则 $P(\xi=1)$ 为(　　).

A. $\dfrac{2}{5}$　　　　B. $\dfrac{1}{2}$　　　　C. $\dfrac{4}{5}$　　　　D. $\dfrac{3}{5}$

二、填空题

7. 已知离散型随机变量 ξ 的概率分布为

ξ	0	1	2	3
P	0.2	0.3	0.35	0.15

则 $P(\xi\leqslant 1)=$ _____.

8. 5 件产品中有 3 件次品、2 件正品,从中抽取 3 件,设取到次品数为随机变量 ξ,则 ξ 的所有可能取值为_____.

9. 盒子里有 5 个白球、2 个红球,从中任取 2 个球,2 个球都为红球的概率是_____;2 个球都为白球的概率是_____.

三、解答题

10. 某小组有 5 名男生与 3 名女生,任选 3 个人去参观,求所选 3 个人中女生数目 ξ 的概率分布.

11. 袋中有 5 个白球、3 个红球,从中任取 2 个球,求:
    (1) 恰有 1 个红球的概率;
    (2) 取到红球的个数 ξ 的概率分布.

12. 一个袋中装有 6 个白球和 4 个红球,它们除了颜色外,其他地方没有差别,采用无放回的方式从袋中任取 3 个球,取到红球的数目用 ξ 表示.求:
    (1) 离散型随机变量 ξ 的概率分布;
    (2) $P(\xi \geqslant 2)$.

3.4 二项分布

学习目标导航

1. 理解 n 次独立重复试验的概念.

2. 记住 n 次独立重复试验中恰好发生 k 次的概率公式,并会简单应用.

知识要点梳理

一、n 次独立重复试验

在相同的条件下,重复进行 n 次试验,如果每次试验的结果与其他各次试验的结果无关,那么这 n 次重复试验叫作 n 次**独立重复试验**.

二、n 次伯努利试验

在 n 次独立试验中,如果每次试验的可能结果只有两个,且它们相互对立,即只考虑两个事件 A 和 $\bar{A}$,并且在每次试验中,事件 A 发生的概率都不变,这样的 n 次独立试验叫作 **n 次伯努利试验**.

伯努利公式:如果在每次试验中事件 A 发生的概率为 $P(A)=p$,则事件 A 不发生的概率 $P(\bar{A})=1-p$,那么在 n 次伯努利试验中,事件 A 恰好发生 k 次的概率为

$$P_n(k)=C_n^k p^k(1-p)^{n-k}$$

其中 $k=0,1,2,\cdots,n$.

注意:

1. 应用伯努利公式应具备四个特征:相同条件下;重复进行的 n 次试验;每次试验的可能结果只有两个且它们相互对立;每次试验中,事件 A 发生的概率都不变.

2. n 次伯努利试验中,事件 A 恰好发生 k 次的概率公式可以看成二项式 $[(1-p)+p]^n$ 展开式中的第 $k+1$ 项.

典型例题剖析

例 1 口袋中有 2 个黑球、1 个白球,每次任取一球,有放回地取 3 次,求:

(1) 3 次中恰好有 2 次取到黑球的概率;

(2) 3 次中至少有 2 次取到黑球的概率.

解析 设 $A=\{$任取一个球取到黑球$\}$，则 $P(A)=\dfrac{2}{3}$.

(1) 设 $B=\{3$ 次中恰好有 2 次取到黑球$\}$，则

$$P(B)=P_3(2)=C_3^2 \cdot \left(\dfrac{2}{3}\right)^2 \cdot \left(\dfrac{1}{3}\right)^1 = \dfrac{4}{9}.$$

(2) 设 $C=\{3$ 次中至少有 2 次取到黑球$\}$，则

$$P(C)=P_3(2)+P_3(3)=C_3^2 \cdot \left(\dfrac{2}{3}\right)^2 \cdot \left(\dfrac{1}{3}\right)^1 + C_3^3 \cdot \left(\dfrac{2}{3}\right)^3 \cdot \left(\dfrac{1}{3}\right)^0 = \dfrac{20}{27}.$$

例 2 某炮兵向目标开了 3 炮，每次击中目标的概率为 0.8. 求击中目标次数 ξ 的概率分布.

解析 随机变量 ξ 的所有可能取值为 $0,1,2,3$，并且

$P(\xi=0)=C_3^0 \cdot 0.8^0 \cdot (1-0.8)^3 = 0.008,$

$P(\xi=1)=C_3^1 \cdot 0.8^1 \cdot (1-0.8)^2 = 0.096,$

$P(\xi=2)=C_3^2 \cdot 0.8^2 \cdot (1-0.8)^1 = 0.384,$

$P(\xi=3)=C_3^3 \cdot 0.8^3 \cdot (1-0.8)^0 = 0.512.$

所以 ξ 的概率分布是

ξ	0	1	2	3
P	0.008	0.096	0.384	0.512

课堂小测试

一、选择题

1. 袋中有若干大小相同的白球和黑球，从袋中任意摸出一个球，摸出黑球的概率为 0.46，那么摸出白球的概率是（　　）.

   A. 0.92　　　　B. 0.5　　　　C. 0.46　　　　D. 0.54

2. 将一枚硬币抛掷 3 次，恰有 2 次正面向上的概率是（　　）.

   A. $\dfrac{2}{3}$　　　　B. $\dfrac{1}{8}$　　　　C. $\dfrac{1}{2}$　　　　D. $\dfrac{3}{8}$

3. 某种子的发芽率是 0.9，实验的 5 粒种子中恰有 4 粒发芽的概率为（　　）.

   A. $0.9^4 \cdot (1-0.9)^1$　　　　　　B. $C_5^4 \cdot 0.9^4 \cdot (1-0.9)^1$

   C. $0.9^1 \cdot (1-0.9)^4$　　　　　　D. $C_5^4 \cdot 0.9^1 \cdot (1-0.9)^4$

4. 将一枚骰子连续抛掷 6 次，恰好 4 次出现 6 点向上的概率是（　　）.

   A. $C_6^4 \cdot \left(\dfrac{1}{6}\right)^4 \cdot \left(\dfrac{5}{6}\right)^2$　　　　　　B. $C_6^4 \cdot \left(\dfrac{1}{6}\right)^2 \cdot \left(\dfrac{5}{6}\right)^4$

C. $\left(\dfrac{1}{6}\right)^2 \cdot \left(\dfrac{5}{6}\right)^4$ D. $\left(\dfrac{1}{6}\right)^4 \cdot \left(\dfrac{5}{6}\right)^2$

5. 甲、乙2人下棋比赛,甲胜的概率为0.6,如果2人下3盘棋,那么甲恰好胜2盘的概率是(   ).

   A. 0.36   B. 0.144   C. 0.432   D. 0.288

6. 一批零件的次品率为0.1,有放回地抽取3次,则恰好有2次取到次品的概率为(   ).

   A. $C_3^3 \cdot 0.1^3 \cdot 0.9^1$ B. $C_3^2 \cdot 0.1^2 \cdot 0.9^1$

   C. $C_3^2 \cdot 0.1^3 \cdot 0.9^1$ D. $C_3^2 \cdot 0.1^1 \cdot 0.9^2$

二、填空题

7. 甲、乙两个足球队比赛,甲队胜出的概率为0.6,则两队比赛3场,甲队恰好胜2场的概率是_____.

8. 抛掷两枚骰子,出现"点数和为6"的概率是_____.

9. 一个射手命中10环、9环、8环的概率分别是0.45、0.35、0.1,那么他"至少命中8环"的概率是_____.

10. 某产品的次品率是0.2,则生产该产品3件恰好出现1件次品的概率是_____.

三、解答题

11. 某射手射击1次击中目标的概率是0.9,他射击4次恰好击中3次的概率是多少?

12. 口袋里装有 2 个红球与 1 个白球,从中任取 1 个球,有放回地取 3 次,求:

(1) 3 次中恰有 2 次取到红球的概率;

(2) 3 次中至少有 2 次取到红球的概率.

13. 在人寿保险中,设一个投保人能活到 70 岁的概率为 0.6,求 3 个投保人中能活到 70 岁的人数 ξ 的概率分布.

第 3 章 章节测试

———★★★———

一、选择题

1. 从 3 名男生和 4 名女生中选一人参加数学竞赛,有( )种不同的选法.
   A. 12　　　　B. 7　　　　C. 4　　　　D. 3

2. 抛掷 2 枚硬币,都是正面向上的概率是( ).
   A. $\dfrac{1}{2}$　　　B. $\dfrac{1}{6}$　　　C. $\dfrac{1}{4}$　　　D. 1

3. 某段铁路共有 6 个车站,共需要准备( )种不同的火车票.
   A. 12　　　B. 30　　　C. 24　　　D. 64

4. 将 3 封信任意投入 4 个信箱,有( )种不同的投法.
   A. 81　　　B. 64　　　C. 24　　　D. 12

5. 从 0,1,2,3,4 这五个数中任取 2 个数字,取到的 2 个都是偶数的概率是( ).
   A. $\dfrac{2}{5}$　　　B. $\dfrac{1}{5}$　　　C. $\dfrac{3}{10}$　　　D. $\dfrac{1}{3}$

6. 从数字 1,2,3,4,5 中任取 3 个数字组成没有重复数字的三位数,则这个三位数大于 400 的概率是( ).
   A. $\dfrac{2}{5}$　　　B. $\dfrac{2}{7}$　　　C. $\dfrac{3}{4}$　　　D. $\dfrac{2}{3}$

7. 一批零件的次品率是 0.2,有放回地抽取 3 次,则恰好有 2 次取到次品的概率为( ).
   A. $C_3^3 \cdot 0.2^3 \cdot 0.8^1$　　　　　B. $C_3^2 \cdot 0.2^2 \cdot 0.8^1$
   C. $C_3^2 \cdot 0.2^3 \cdot 0.8^1$　　　　　D. $C_3^2 \cdot 0.2^1 \cdot 0.8^2$

8. 100 张奖券中有一等奖 1 张、二等奖 3 张,从中任取 2 张,则 2 张都中奖的概率是( ).
   A. $\dfrac{1}{50}$　　　B. $\dfrac{1}{21}$　　　C. $\dfrac{1}{825}$　　　D. $\dfrac{1}{4\,750}$

9. 盒子里有 5 个大小相同的小球,其中 2 个白球,3 个红球,从袋中任取 2 个球,抽到的白球数用随机变量 ξ 表示,则 $P(\xi=1)=$( ).
   A. $\dfrac{12}{25}$　　　B. $\dfrac{7}{15}$　　　C. $\dfrac{2}{5}$　　　D. $\dfrac{3}{5}$

10. 某气象台预报天气的准确率是 0.7,则 5 次预报中至少 4 次准确的概率是( ).
    A. $C_5^4 \cdot 0.7^4 \cdot 0.3^1$　　　　　B. $C_5^5 \cdot 0.7^5 \cdot 0.3^0$
    C. $C_5^4 \cdot 0.7^4 \cdot 0.3^1 + C_5^5 \cdot 0.7^5 \cdot 0.3^0$　D. $C_5^4 \cdot 0.7^1 \cdot 0.3^4 + C_5^5 \cdot 0.7^0 \cdot 0.3^5$

11. 盒子里有 5 个白球,5 个红球,从中任取 3 个球,既有白球又有红球的概率是( ).

A. $\dfrac{5}{6}$ B. $\dfrac{3}{10}$ C. $\dfrac{5}{12}$ D. $\dfrac{3}{5}$

12. 从数字 1,2,3,4,5 中任取 3 个不同的数,可以作为直角三角形三条边的概率是( ).

A. $\dfrac{2}{15}$ B. $\dfrac{1}{15}$ C. $\dfrac{1}{5}$ D. $\dfrac{1}{10}$

13. 甲射击的命中率是 0.7,乙射击的命中率是 0.8,若甲、乙同时射击同一目标,则该目标被命中的概率是( ).

A. 0.56 B. 0.94 C. 0.44 D. 1

14. 从 4 名医生和 3 名护士中选出 4 人出席某项活动,则医生甲和护士乙不能同时参加的选派方法有( )种.

A. 840 B. 820 C. 25 D. 35

15. $(m-\sqrt{3}n)^{13}$ 的展开式中,第 4 项的系数是( ).

A. C_{13}^4 B. C_{13}^3 C. $-C_{13}^4(\sqrt{3})^3$ D. $-C_{13}^3(\sqrt{3})^3$

二、填空题

16. 在 20 名学生中选出正、副队长各一名的方法有_____种.

17. 已知 $C_{12}^{n-2}=C_{12}^{2n-4}$,则 $n=$_____.

18. 同时抛掷 3 枚硬币,3 枚硬币同时出现正面或反面向上的概率是_____.

19. 从 6 人中选出 3 人分别完成 3 项不同的工作,有选法_____种.

20. 将 6 本不同的书平均分给两个人,则不同的分法有_____种.

21. 用 2、3、5、7 能构成_____个真分数.

22. 从 n 个不同元素中取出 2 个不同元素的排列数是 56,则 $n=$_____.

23. 抛掷 2 枚骰子,观察掷出的点数,则点数之和是 4 的概率为_____.

24. $C_5^1+C_5^2+C_5^3+C_5^4+C_5^5=$_____.

25. $(2x-y)^7$ 的展开式中,各项系数的和为_____.

三、解答题

26. 某科研小组有男技术员 4 人,女技术员 3 人,现要选出 4 人参加某项科技研发工作,求至少有一名女技术员入选的概率.

27. 50件产品中有2件次品,从中任意抽取3件进行产品检测,求:

(1)一共有多少种不同的抽取方法?

(2)抽取的3件产品中恰有一件次品的方法有多少种?

(3)抽取的3件产品中至少有一件次品的方法有多少种?

28. 4名学生和3名教师站成一排照相,求下列不同的排法总数:

(1)全部排成一排,有多少种不同的排法?

(2)教师甲必须在正中间有多少种不同的排法?

(3)任何2名教师不相邻有多少种不同的排法?

29. 已知 $\left(\sqrt{x}-\dfrac{1}{\sqrt{x}}\right)^n$ 的展开式的第 6 项为常数项.

   (1) 求 n 的值；

   (2) 写出展开式中含 x^2 的项；

   (3) 写出展开式中二项式系数最大的项.

30. 一个口袋里有 8 个白球和 2 个红球，它们除颜色外，形状和大小没有区别，现由甲、乙顺次不放回地各摸 1 球，求：

   (1) 甲摸中红球的概率；

   (2) 甲、乙都摸中红球的概率；

   (3) 乙摸中红球的概率.

31. 从一批产品中抽取 5 件产品进行检查，其中有 3 件一等品，2 件二等品.

   (1) 求从中任取一件产品为二等品的概率；

   (2) 每次取 1 件，有放回地取 3 次，求取到二等品数 ξ 的概率分布.

期末综合测试题

一、选择题(本大题共 15 小题,每题 3 分,共 45 分)

1. 下列四组函数中,表示同一函数的是( ).

   A. $y=x$ 与 $y=\sqrt{x^2}$
   B. $y=2\ln x$ 与 $y=\ln x^2$
   C. $y=\sin x$ 与 $y=\cos\left(\dfrac{3\pi}{2}+x\right)$
   D. $y=\cos(2\pi-x)$ 与 $y=\sin(\pi-x)$

2. 在 $\triangle ABC$ 中,若 $\angle C=\dfrac{\pi}{3}$,则 $\cos A\cos B-\sin A\sin B=$ ( ).

   A. $-\dfrac{1}{2}$　　　B. 0　　　C. $\dfrac{\sqrt{3}}{2}$　　　D. 1

3. 下列函数中,周期为 π 的奇函数是( ).

   A. $y=\cos^2 x-\sin^2 x$
   B. $y=\sin x \cdot \cos x$
   C. $y=\sin 2x-\cos 2x$
   D. $y=\cos\left(\dfrac{\pi}{2}-x\right)$

4. 从 4 种花卉中任选 3 种,分别种在不同形状的 3 个花盆中,不同的种植方法有( )

   A. 81 种　　　B. 64 种　　　C. 24 种　　　D. 4 种

5. 函数 $y=\cos\left(\dfrac{\pi}{2}-x\right)\sin\left(\dfrac{\pi}{2}+x\right)$ 的最小正周期为( )

   A. $\dfrac{\pi}{2}$　　　B. π　　　C. $\dfrac{3\pi}{2}$　　　D. 2π

6. $(a+b)^n$ 的展开式中,第 10 项的二项式系数最大,则 n 的值为( ).

   A. 21　　　B. 20　　　C. 19　　　D. 18

7. 某天上午共四节课,排语文、数学、体育、计算机课,其中体育不排在第一节,那么这天上午课程表的不同排法有( )种.

   A. 6　　　B. 9　　　C. 12　　　D. 18

8. 要得到函数 $y=\sin\left(\dfrac{x}{2}-\dfrac{\pi}{3}\right)$ 的图像,只需要将函数 $y=\sin\dfrac{x}{2}$ 的图像沿 x 轴( ).

   A. 向左平移 $\dfrac{\pi}{3}$　　B. 向右平移 $\dfrac{\pi}{3}$　　C. 向左平移 $\dfrac{2\pi}{3}$　　D. 向右平移 $\dfrac{2\pi}{3}$

9. 在△ABC中,若 $a\cos B = b\cos A$,则△ABC的形状为( ).

   A. 等边三角形   B. 等腰三角形

   C. 直角三角形   D. 等腰直角三角形

10. 已知 $\left(\sqrt[3]{x}-\dfrac{2}{\sqrt{x}}\right)^{15}$ 的第 k 项为常数项,则 k 为( ).

    A. 6   B. 7   C. 8   D. 9

11. 如果抛物线 $y^2=ax$ 的准线是 $x=1$,那么它的焦点坐标是( ).

    A. $(1,0)$ B. $(2,0)$ C. $(-1,0)$ D. $(3,0)$

12. 在相同环境下,某人投篮的命中率是0.8,则其投篮10次恰有8次命中的概率是( ).

    A. $C_{10}^2 0.8^2 0.2^8$ B. $C_{10}^2 0.8^8 0.2^2$ C. $C_{10}^8 0.8^2 0.2^2$ D. $C_{10}^8 0.8^2 0.2^8$

13. 从1,2,3,4,5中任取2个数字组成无重复数字的两位偶数,共有( )个.

    A. 8   B. 10   C. 12   D. 20

14. 双曲线 $\dfrac{x^2}{a^2}-\dfrac{y^2}{b^2}=1$ 的两条渐近线互相垂直,则此双曲线的离心率为( ).

    A. $\sqrt{2}$ B. 2   C. $\sqrt{3}$ D. $\dfrac{3}{2}$

15. 二项式 $(3x-4)^{2017}$ 的展开式中,各项系数和为( ).

    A. -1 B. 1   C. 2^{2017} D. 7^{2017}

二、填空题(本大题共15空,每空2分,共30分)

16. 在△ABC中,若 $b=2a\sin B$,则 $\angle A=$ _____.

17. 已知△ABC中,$a^2+b^2-c^2=\sqrt{3}ab$,则 $\angle C=$ _____.

18. 函数 $y=\sin 4x-\cos 4x$ 的值域是 _____.

19. 椭圆 $4x^2+y^2=1$ 的离心率为 _____.

20. 已知 $\sin\left(\dfrac{\pi}{2}-\dfrac{a}{2}\right)=\log_3\sqrt{3}$,且 $0<a<\pi$,则 $a=$ _____.

21. 已知抛物线顶点在坐标原点,对称轴为 x 轴,点 $A(2,k)$ 在抛物线上,且点 A 到焦点的距离为5,则抛物线的方程为 _____.

22. $\left(x-\dfrac{1}{x}\right)^n$ 的展开式中,二项式系数和为128,则 $n=$ _____.

23. 双曲线 $\dfrac{x^2}{4}-\dfrac{y^2}{9}=1$ 的两个焦点分别为 F_1 和 F_2,经过右焦点 F_2 的直线与双曲线的右支交于 A、B 两点,$|AB|=8$,则△ABF_1 的周长为 _____.

24. 直线 $2x+y-5=0$ 与双曲线 $\dfrac{y^2}{4}-x^2=1$ 的交点个数为_____个.

25. 若方程 $\dfrac{x^2}{4-k}+\dfrac{y^2}{6+k}=1$ 表示焦点在 y 轴上的椭圆,则 k 的取值范围是_____.

26. 5 名学生站成一排照相,甲不站排头、乙不站排尾的站法种数是_____种.

27. 从 $1,2,3,4,5$ 中任选 3 个数字组成一个无重复数字的三位数,则这个三位数是偶数的概率是_____.

28. 已知双曲线 $8kx^2-ky^2=8$ 的一个焦点坐标为 $(0,3)$,则 $k=$_____.

29. 在 $\triangle ABC$ 中,$a=3$,$b=2$,$\angle C=45°$,则 $\triangle ABC$ 的面积 $S=$_____.

30. 设直线 $y=x+2$ 与抛物线 $y=x^2$ 交于 $A、B$ 两点,则线段 AB 的中点坐标为_____.

三、解答题(本大题共 5 小题,每题 9 分,共 45 分)

31. 已知 $\sin\theta-\cos\theta=\dfrac{\sqrt{2}}{2}$,且 $\theta\in(-\pi,0)$,求 $\sin^2\theta-\cos^2\theta$ 的值.

32. 某实验室有 5 名男研究员,3 名女研究员,现从中任选 3 人参加学术会议,求所选 3 人中女研究员人数 ξ 的概率分布.

33. 已知 $a=(\cos\theta,-1)$,$b=(\sin\theta,2)$,当 $a \parallel b$ 时,求 $3\cos^2\theta+2\sin 2\theta$ 的值.

34. 已知抛物线的顶点在坐标原点,准线方程为 $4x+1=0$,

(1)求抛物线的标准方程;

(2)在抛物线上有一个动点 Q,求动点 Q 与点 $A(1,0)$ 的最小距离.

35. 口袋中装有 3 个黑球,2 个白球,除颜色外,它们没有任何差别.

(1)求从中任取 1 球为白球的概率;

(2)每次取 1 球,有放回地取 3 次,求取到白球数 ξ 的概率分布.

36. 已知函数 $y = \sqrt{3}\cos 2x + 3\sin 2x$,求:

(1) 函数的值域;

(2) 函数的最小正周期;

(3) 函数取最大值时 x 的集合.

37. 已知椭圆 $\dfrac{x^2}{4} + \dfrac{y^2}{m} = 1$ 与抛物线 $y^2 = 4x$ 有共同的焦点 F_2,过椭圆的左焦点 F_1 作倾斜角为 $\dfrac{\pi}{4}$ 的直线,与椭圆交于 M、N 两点,求:

(1) 直线 MN 的方程和椭圆的方程;

(2) $\triangle OMN$ 的面积.

综合模拟试题(一)

(总分 120 分,时间 120 分钟)

一、选择题(本题共 15 小题,每小题 3 分,共 45 分.在每小题所给出的四个选项中,只有一个符合题目要求)

1. 若 $U=\{x|x\leqslant 4,$ 且 $x\in \mathbf{N}\}$,$A=\{x|x\leqslant 3,$ 且 $x\in \mathbf{N}\}$,$B=\{0,3,4\}$,则 $A\cap B=$( ).

   A. $\{2,4\}$ B. $\{2,1\}$ C. $\{0,1\}$ D. $\{0,1,2,3\}$

2. $x=3$ 是 $x^2-2x-3=0$ 的( ).

   A. 充分条件 B. 必要条件
   C. 充要条件 D. 既不充分也不必要条件

3. 函数 $f(x)$ 是奇函数,在 $(0,+\infty)$ 内是减函数,那么 $f(\sin 30°)$,$-f(-2)$,$f(\log_2 8)$ 的大小关系是( ).

   A. $f(\sin 30°)<-f(-2)<f(\log_2 8)$ B. $f(\log_2 8)<-f(-2)<f(\sin 30°)$
   C. $-f(-2)<f(\log_2 8)<f(\sin 30°)$ D. $f(\sin 30°)<-f(-2)<f(\log_2 8)$

4. a,b,c 是空间中的 3 条不重合的直线,α 表示平面,其中正确的说法有( )个.
   (1)若 $a\perp b$,$b\perp c$,则 $a//c$;(2)若 $a//b$,$b//c$,则 $a//c$;(3)若 $a//\alpha$,则 a 平行于 α 内的任一条直线;(4)若 $a\perp \alpha$,则 a 垂直于 α 内的任一条直线;(5)若 a 和 b 与 α 所成角相等,则 $a//b$.

   A. 1 B. 2 C. 3 D. 4

5. 在等比数列 $\{a_n\}$ 中,若 a_1,a_9 是方程 $2x^2-5x+2=0$ 的两根,则 $a_4 a_6=$( ).

   A. 5 B. $\dfrac{5}{2}$ C. 2 D. 1

6. 当 $x<0$ 时,$y=\left(\dfrac{1}{3}\right)^x+5$ 的值域为( ).

   A. $(0,5)$ B. $(-\infty,5)$ C. $(6,+\infty)$ D. $\mathbf{R}$

7. 与椭圆 $\dfrac{x^2}{9}+\dfrac{y^2}{4}=1$ 有公共焦点,且离心率为 $\dfrac{\sqrt{5}}{2}$ 的双曲线方程为( ).

A. $\dfrac{x^2}{4}-y^2=1$ B. $x^2-\dfrac{y^2}{4}=1$ C. $\dfrac{x^2}{4}-y^2=0$ D. $\dfrac{x^2}{4}+y^2=1$

8. 若 $\sin\alpha=3\cos\alpha$，则 $\sin\alpha\cos\alpha$ 的值为（　　）.

   A. $\dfrac{1}{10}$ B. $\dfrac{3}{10}$ C. $\dfrac{7}{10}$ D. $\dfrac{9}{10}$

9. 若 $\lg a,\lg b,\lg c$ 成等差数列，则（　　）.

   A. $b=\dfrac{a+c}{2}$ B. $b=\dfrac{\lg a+\lg c}{2}$ C. $b=\sqrt{ac}$ D. $b=\pm\sqrt{ac}$

10. 抛物线 $y^2=2px$，与直线 $ax+y-4=0$ 的一个交点是 $(2,2)$，则抛物线的焦点到直线的距离是（　　）.

    A. $\dfrac{3\sqrt{2}}{2}$ B. $\dfrac{7\sqrt{2}}{4}$ C. $\dfrac{7\sqrt{5}}{10}$ D. $\dfrac{\sqrt{17}}{2}$

11. 一个小组有 n 个人，从中任选 2 人分别担任正、副组长，共有 90 种不同的选法，则 $n=$（　　）.

    A. 10   B. 9   C. 8   D. 7

12. 在 $\triangle ABC$ 中，$\sin B\sin C=\cos^2\dfrac{A}{2}$，则此三角形是（　　）.

    A. 等边三角形   B. 等腰三角形   C. 直角三角形   D. 无法确定

13. 函数 $y=2\sin^2\dfrac{x}{2}$ 的最小正周期是（　　）.

    A. $\dfrac{\pi}{2}$ B. 2π C. 4π D. 8π

14. 在二项式 $(2x-1)^5$ 的展开式中，含 x^3 的项的系数是（　　）.

    A. 40   B. -40 C. 80   D. -80

15. $\boldsymbol{a}=(1,-2)$，$\boldsymbol{b}$ 与 $\boldsymbol{a}$ 的夹角为 $180°$，$|\boldsymbol{b}|=3\sqrt{5}$，则 $\boldsymbol{b}=$（　　）.

    A. $(-3,-6)$ B. $(3,-6)$ C. $(3,6)$ D. $(-3,6)$

二、填空题（本题共 15 小题，每小题 2 分，共 30 分. 请将正确答案填在题中的横线上）

16. 函数 $f(x)=\log_{\frac{1}{2}}(x^2+2x-3)$ 的单调减区间为_____．

17. $\tan 70°+\tan 50°-\sqrt{3}\tan 70°\tan 50°=$_____．

18. 已知平面 α 平行平面 β，直线被两平面截得的线段长为 $6\sqrt{3}$ cm，直线 L 与平面 β 所成的角为 $60°$，则两平行平面间的距离为_____．

19. 7 名选手在 7 条跑道上进行百米赛跑，其中有 2 名为一个队的，按随机抽签的方式决定选手的跑道，则此 2 人在相邻跑道的概率为_____．

20. 在等比数列 $\{a_n\}$ 中，$a_1=8$，$q=2$，则 a_4 与 a_8 的等比中项为 _____．

21. 从 5 名男生、4 名女生中任选 2 人，则至少有 1 名女生被选中的选法有 _____ 种．

22. $y=\sqrt{1-x-2x^2}$ 的值域为 _____．

23. $\alpha \in \left(\dfrac{3\pi}{2}, 2\pi\right)$，化简：$\sqrt{\dfrac{1}{2}+\dfrac{1}{2}\sqrt{\dfrac{1}{2}+\dfrac{1}{2}\cos\alpha}}=$ _____．

24. 与 $\boldsymbol{a}=(-6,8)$ 平行的单位向量为 _____．

25. 若 $M=\{y|y=x^2+2\}$，$N=\{y|y=x+1\}$，则 $M\cap N=$ _____．

26. 椭圆 $5x^2+9y^2=45$ 的离心率是 _____．

27. $(2a-b)^8$ 的第 6 项的二项式系数为 _____．

28. 过点 $(-4,3)$ 和圆 $x^2+y^2=25$ 相切的直线方程是 _____．

29. 在正 $\triangle ABC$ 中，$AD\perp BC$ 于 D，沿 AD 折成二面角 $B\text{-}AD\text{-}C$ 后，使 $BC=\dfrac{\sqrt{3}}{2}AB$，则该二面角的大小为 _____．

30. 不等式 $\dfrac{x^2-2x-8}{x^2+2}\geqslant 0$ 的解集为 _____．

三、解答题（本题共 7 小题，共 45 分）

31. （6 分）已知集合 $A=\{x|x^2-5x-6=0\}$，$B=\{x|x^2+mx+n=0\}$，且 $A\cup B=A$，$A\cap B=\{-1\}$，求 m、n 的值．

32.(7分)已知函数 $f(x)=\dfrac{(\sin x-\cos x)\sin 2x}{\sin x}$,求:

(1)函数的定义域;

(2)函数的最小正周期;

(3)函数 $f(x)$ 的单调递增区间.

33.(6分)现有大小、形状相同的8个红球和2个白球,

(1)若从中无放回地任取2个,求白球数的概率分布;

(2)若从中有放回地任取1个,连续取2次,求出现白球的概率.

34.(7分)已知数列 $\{a_n\}$ 是公差不为零的等差数列,$a_1=1$,且 a_2、a_4、a_8 成等比数列,求:

(1)数列 $\{a_n\}$ 的通项公式;

(2)数列 $\{3^{a_n}\}$ 的前 n 项和公式.

35.(6分)东方旅行社有100张普通客床,若每床每夜收租费10元,客床可以全部租出,若每床每夜收费提高2元,便减少10张客床租出;若再提高2元,便再减少10张客床租出;以此情况变化下去,为了投资少而获得租金最多,每床每夜应提高租金多少元?

36.(7分)设直线 $y=2x+b$ 与抛物线 $y^2=4x$ 交于两点 A、B,已知 $|AB|=3\sqrt{5}$,点 P 在抛物线上,△PAB 的面积为 30,求:

(1)b 的值;

(2)点 P 的坐标.

37.(6分)如图:已知四边形 $ABCD$ 为正方形,P 是平面 $ABCD$ 外一点,三角形 PDC 为等边三角形,且平面 PDC⊥平面 $ABCD$,E 为 PC 的中点.

(1)求证:平面 EDB⊥平面 PBC;

(2)求二面角 B-DE-C 的平面角的正切值.

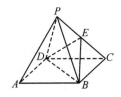

综合模拟试题(二)

(总分 120 分,时间 120 分钟)

一、选择题(本题共 15 小题,每小题 3 分,共 45 分.在每小题所给出的四个选项中,只有一个符合题目要求)

1. 设集合 $M=\{x\mid |x|\leqslant 5\}$,$N=\{x\mid x\geqslant 3\}$,则 $M\cap N=$( ).

   A. $\{x\mid 3\leqslant x\leqslant 5\}$ B. $\{x\mid x\geqslant 3\}$ C. $\{x\mid x\leqslant 5\}$ D. $\varnothing$

2. 下列命题中正确的是( ).

   A. 如果 $|a|>|b|$,则 $a>b$ B. 如果 $a>b$,则 $|a|>|b|$

   C. 如果 $a+b>2b$,则 $a>b$ D. 如果 $ab<b^2$,则 $a<b$

3. $x^2-x-2=0$ 的充要条件是( ).

   A. $x=-1$ B. $x=2$ C. $x=-1$ 或 $x=2$ D. $x=-1$ 且 $x=2$

4. 函数 $y=\log_a x$ 与 $y=x^2-2ax$ 在同一坐标系中的图像为( ).

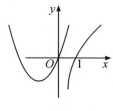   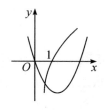   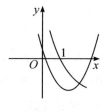   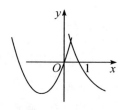

   A.   B.   C.   D.

5. 函数 $y=a^x$ 在区间 $[1,2]$ 上的最大值比最小值大 2,则 $a=$( ).

   A. 1   B. 2   C. 3   D. 4

6. 已知 $\sin(\pi-\alpha)=-2\sin\left(\dfrac{\pi}{2}+\alpha\right)$,则 $\dfrac{\cos\alpha-2\sin\alpha}{3\sin\alpha+\cos\alpha}=$( ).

   A. 1   B. $\dfrac{5}{7}$ C. $\dfrac{3}{5}$ D. -1

7. 在 $\triangle ABC$ 中,$a\cos A=b\cos B$,则 $\triangle ABC$ 是( ).

   A. 等边三角形   B. 等腰三角形

   C. 等腰三角形或直角三角形   D. 两直角边互不相等的直角三角形

8. 已知等差数列 $\{a_n\}$ 中 $S_{11}=33$，则 $a_2+a_4+a_6+a_8+a_{10}=$（　　）.
　　A. 12　　　　B. 15　　　　C. 16　　　　D. 20

9. 已知 $\overrightarrow{OA}=(4,2)$，$\overrightarrow{OB}=(-4,y)$，并且 $\overrightarrow{OA}\perp\overrightarrow{OB}$，则 $\overrightarrow{AB}$ 的长度是（　　）.
　　A. $4\sqrt{5}$　　　B. $4\sqrt{3}$　　　C. 10　　　D. $2\sqrt{41}$

10. 直线 $x\sin\theta+y\cos\theta-\sqrt{3}=0$ 与圆 $x^2+y^2=3$ 的位置关系为（　　）.
　　A. 相交　　　B. 相切　　　C. 相离　　　D. 不确定

11. 抛物线 $x=-2y^2$ 的准线方程是（　　）.
　　A. $x=\dfrac{1}{2}$　　B. $x=\dfrac{1}{4}$　　C. $x=\dfrac{1}{8}$　　D. $x=-\dfrac{1}{8}$

12. 从 5 名学生中选出 4 人分别参加语文、数学、英语、专业综合知识竞赛，其中学生甲不参加语文和数学竞赛，则不同的参赛方法共有（　　）种.
　　A. 120　　　B. 72　　　C. 48　　　D. 24

13. 在正方体 $ABCD-A_1B_1C_1D_1$ 中，直线 A_1C_1 与 B_1D 所成的角等于（　　）.
　　A. 30°　　　B. 45°　　　C. 60°　　　D. 90°

14. 已知数学考卷中有 15 个单项选择题，每题有 4 个选择答案，答对 1 题得 3 分，现由一名对此卷完全不懂的同学来做，他每一题都随便选了一个答案，则他得 45 分的概率为（　　）.
　　A. 0　　　B. 0.25　　　C. $\left(\dfrac{1}{4}\right)^{15}$　　　D. $\dfrac{15}{4}$

15. 在 $\left(3x-\dfrac{2}{\sqrt{x}}\right)^n$ 的展开式中第 9 项为常数项，则 n 的值为（　　）.
　　A. 10　　　B. 11　　　C. 12　　　D. 13

二、填空题（本题共 15 小题，每小题 2 分，共 30 分. 请将正确答案填在题中的横线上）

16. 函数 $f(x)=\begin{cases}2x+3,x>1,\\2^{-x},x<1,\end{cases}$ 则 $f[f(-2)]=$ _____.

17. 函数 $f(x)=\sqrt{x^2-4}+\log_2(x+3)$ 的定义域为 _____.

18. 若 $f(x)=\log_{0.5}(x-2)$ 满足 $f(x)>0$，则 x 的取值范围是 _____.

19. 计算：$-2^{-2}+10^{1-\lg 2}+\left(\dfrac{1}{8}\right)^{\frac{2}{3}}-P_3^2=$ _____.

20. 比较 0.2^3，$3^{0.2}$，$\log_3 0.2$ 的大小，按从小到大的顺序排列为 _____.

21. 若 $f(x)=\dfrac{x-1}{x}$，则 $f\left(\dfrac{1}{x}\right)=$ _____.

22. 等比数列 $\{a_n\}$ 前 n 项和为 S_n，且 $a_3=2S_2+1$，$a_4=2S_3+1$，则其公比为 _____.

23. 已知 $\triangle ABC$ 中，$a^2+b^2-c^2=\sqrt{3}ab$，则 $\angle C=$ _____.

24. 设角 α 为第四象限的角，点 $(3,m)$ 在角 α 的终边上，且 $\cos\alpha=\dfrac{3}{5}$，则 $m=$ _____.

25. 若 $\boldsymbol{a}\cdot\boldsymbol{b}=-4$，$|\boldsymbol{a}|=\sqrt{2}$，$|\boldsymbol{b}|=2\sqrt{2}$，则 $<\boldsymbol{a},\boldsymbol{b}>$ 为 _____.

26. 已知 $M(3,-2)$，$N(-5,-1)$，且 $\overrightarrow{MP}=\dfrac{1}{2}\overrightarrow{NM}$，则点 P 的坐标为 _____.

27. 椭圆 $\dfrac{x^2}{9}+\dfrac{y^2}{k^2}=1$ 与双曲线 $\dfrac{x^2}{k}-\dfrac{y^2}{3}=1$ 有相同的焦点，则 k 的值是 _____.

28. 直线 $y=x-2$ 与抛物线 $y^2=4x$ 交于 A、B 两点，则线段 AB 的中点坐标为 _____.

29. 过二面角 $\alpha\text{-}l\text{-}\beta$ 内的一点 P 做 $PA\perp\alpha$，$PB\perp\beta$，已知 $PA=5$，$PB=8$，$AB=7$，则二面角 $\alpha\text{-}l\text{-}\beta$ 的度数为 _____.

30. 一个计算机技能训练小组共有 8 名学生，其中有 3 名男生，现在要从小组内选 3 名代表，其中女生不少于 2 名的概率是 _____.

三、解答题（本题共 7 小题，共 45 分）

31. (5 分) 若全集 $U=\{a^2-2a-3,2,3\}$，$A=\{0\}$，$\complement_U A=\{|a|,2\}$，求 a 的值.

32.(7分)某养鸡场生产鸡蛋的综合成本平均为每斤3元,若按每斤5元的价格销售,每天可以卖出800斤,根据市场规律,售价每下降一角则每天多销售100斤,为了争取最大利润,请问:将价格定为多少时才能有最大利润?最大利润是多少?

33.(6分)已知数列$\{a_n\}$是公差不为零的等差数列,$a_1=1$,且a_2、a_4、a_8成等比数列,求:(1)数列$\{a_n\}$的通项公式;

(2)数列$\{3^{a_n}\}$的前n项和S_n.

34.（6分）已知 $\boldsymbol{a}=(\sin x, \sqrt{3}\cos x)$，$\boldsymbol{b}=(\cos x, \cos x)$，$f(x)=\boldsymbol{a}\cdot\boldsymbol{b}$. 求：

(1) 函数 $f(x)$ 的最小正周期及最小值；

(2) 函数 $f(x)$ 的单调递增区间.

35.（6分）一个袋中装有 6 个红球和 4 个白球，它们除了颜色外，其他地方没有区别，采用无放回的方式从袋中任取 3 个球，取到白球的数目用 ξ 表示. 求：

(1) 离散型随机变量 ξ 的概率分布；

(2) $P(\xi\geqslant 2)$.

36.（7分）直线 $y=x+m$ 与椭圆 $2x^2+y^2=2$ 相交于 A、B 两点．若 $|AB|=\dfrac{4\sqrt{3}}{3}$，求：(1)直线的方程；

(2)以 AB 为直径的圆的方程．

37.（8分）如图所示，$\triangle PBC$ 为等边三角形，$AB\perp$ 平面 PBC，$AB\parallel CD$，且 $AB=BC=\dfrac{1}{2}CD$，E 为 PD 的中点，

(1)求证：$AE\parallel$ 平面 PBC；

(2)求 PA 与平面 $ABCD$ 所成角的正切值．

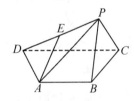

综合模拟试题(三)

（总分 120 分，时间 120 分钟）

一、选择题(本题共 15 小题，每小题 3 分，共 45 分．在每小题所给出的四个选项中，只有一个符合题目要求)

1. 设 $A=\{x\mid |x|\leqslant 4\}$，$B=\{x\mid 3<x\leqslant 8\}$，则 $A\cap B$ 是(　　)．
   A. $[-4,8]$　　　B. $[3,4]$　　　C. $(-4,8)$　　　D. $(3,4]$

2. 若 $a<b$，那么下列各不等式中恒成立的是(　　)．
   A. $a^2<b^2$　　B. $ac<bc$　　C. $\log_2(b-a)>0$　　D. $2^a<2^b$

3. 已知 a,b,c 都是不为 0 的整数，则"a,b,c 成等比数列"是"$b^2=ac$"的(　　)．
   A. 充分不必要条件　　　　　B. 必要不充分条件
   C. 充要条件　　　　　　　　D. 既不充分也不必要条件

4. 下列函数中为奇函数的是(　　)．
   A. $y=|\sin x|$　　B. $y=\log_2(x^2+1)$　　C. $y=\sin(\pi-x)$　　D. $y=2^x$

5. 函数 $y=3\sin 2x+4\cos 2x$ 的值域是(　　)．
   A. $(-5,5)$　　B. $[-5,5]$　　C. $(-10,10)$　　D. $[-10,10]$

6. m、n 分别表示函数 $y=2\cos^2 x-3$ 的最大值和最小值，则 $m-n$ 等于(　　)．
   A. -4　　　B. 4　　　C. -2　　　D. 2

7. 设 $\boldsymbol{a}=(-1,x)$，$\boldsymbol{b}=(1,2)$，且 $\boldsymbol{a}\perp\boldsymbol{b}$，则 $2\boldsymbol{a}-\boldsymbol{b}=$(　　)．
   A. $(-3,-1)$　　B. $(3,1)$　　C. $(-1,3)$　　D. $(-10,-5)$

8. 在等差数列 $\{a_n\}$ 中，已知 $a_2=4$，$a_9=16$，则 $S_{10}=$(　　)．
   A. 110　　　B. 100　　　C. 90　　　D. 80

9. 在等比数列 $\{a_n\}$ 中，若 $a_5a_6=9$，则 $\log_3 a_3+\log_3 a_8=$(　　)．
   A. 1　　　B. 2　　　C. -1　　　D. -2

10. 在 $\triangle ABC$ 中，$\angle BAC=90°$，D 是 BC 的中点，$AB=4$，$AC=3$，则 $\overrightarrow{AD}\cdot\overrightarrow{BC}=$(　　)．
    A. -7　　B. $-\dfrac{7}{2}$　　C. $\dfrac{7}{2}$　　D. 7

11. 已知双曲线的实轴与虚轴的比为 $2:1$,则该双曲线的离心率为( ).

   A. $\dfrac{\sqrt{5}}{2}$ B. $\dfrac{\sqrt{5}+1}{2}$ C. $\sqrt{5}$ D. 2

12. 下列命题中正确的是( ).

   A. 两条直线平行的充要条件是斜率相等

   B. 对于两条直线 $l_1 \perp l_2 \Leftrightarrow k_1 \cdot k_2 = -1$

   C. 任何一条直线都有斜率

   D. 直线的倾斜角是锐角,则斜率大于 0

13. 设 $\left(\sqrt[3]{x}-\dfrac{2}{\sqrt{x}}\right)^{15}$ 展开式的第 k 项为常数项,则 k 的值为( ).

   A. 6   B. 7   C. 8   D. 9

14. 点 $M(3,4)$ 关于坐标原点的对称点坐标为( ).

   A. $(3,-4)$ B. $(3,4)$ C. $(-4,3)$ D. $(-4,-3)$

15. 已知点 P 是 $\triangle ABC$ 所在平面外一点,若 $PA=PB=PC$,则点 P 在平面内 ABC 的射影 O 是 $\triangle ABC$ 的( ).

   A. 内心   B. 外心   C. 重心   D. 垂心

二、填空题(本题共 15 小题,每小题 2 分,共 30 分.请将正确答案填在题中的横线上)

16. 已知 $f(x)=\begin{cases}2x+3,x\in(-\infty,0]\\-2^x,x\in(0,+\infty)\end{cases}$,则 $f[f(2)]=$ _____.

17. 函数 $f(x)=\lg(3x-x^2)+\dfrac{1}{\sqrt{x-2}}$ 的定义域是 _____.

18. 计算: $\log_2\dfrac{1}{16}+\cos\pi+\left(-\dfrac{1}{27}\right)^{\frac{1}{3}}+C_{2018}^{2017}=$ _____.

19. 若 $\log_{\frac{1}{3}}x>0$,则 x 的取值范围为 _____.

20. 设 $f(x)=a\sin(\pi-x)+3$,且 $f\left(\dfrac{\pi}{12}\right)=5$,则 $f\left(-\dfrac{\pi}{12}\right)=$ _____.

21. 在等差数列 $\{a_n\}$ 中,已知公差为 3,且 $a_1+a_3+a_5+a_7+a_9=12$,则 $S_{10}=$ _____.

22. 设 $\boldsymbol{a}=(x,x+1)$,$\boldsymbol{b}=(1,2)$,且 $\boldsymbol{a}\parallel\boldsymbol{b}$,则 $x=$ _____.

23. 直线 $Ax+By=0$ 的倾斜角为 α,且 $AB>0$,则 α 的终边落在第 _____ 象限.

24. 过直线 $2x-y+8=0$ 与 $2x+y+4=0$ 的交点,与直线 $x-y+1=0$ 平行的直线方程为 _____.

25. 抛物线 $y^2=16x$ 上的一点 M 到焦点 F 的距离为 6,则 M 的坐标为_____.

26. 已知过点 $P(2,2)$ 的直线与圆 $(x-1)^2+y^2=5$ 相切,且与直线 $ax-y+1=0$ 垂直,则 a 的值是_____.

27. 在正方体 $ABCD-A_1B_1C_1D_1$ 中,BD_1 与平面 BCC_1B_1 所成的角的正切值是_____.

28. 正方形 $ABCD$ 所在平面与正方形 $ABEF$ 所在平面成直二面角,$\angle FDB=$_____.

29. 已知 $C_{24}^m=C_{24}^{4m-6}$,则 $m=$_____.

30. 从数字 1、2、3、4、5 中任选 3 个数字组成一个无重复数字的三位数,则这个三位数是偶数的概率为_____.

三、解答题(本题共 7 小题,共 45 分)

31. (6 分)已知全集 $U=\{0,2,a^2+2a-16\}$,$A=\{0,|a|\}$,A 的补集 $\complement_U A=\{-8\}$,求 a 的值.

32.(6分) 某汽车租赁公司现有汽车100辆,当每辆车的月租金为2 000元时,可全部租出;每辆车的月租金每提高50元,未租出的汽车将增加1辆,每辆未租出的汽车月维护费为100元,当每辆车的月租金为多少时,汽车租赁公司的月收益最大?最大月收益是多少?

33.(6分)已知等差数列$\{a_n\}$满足$a_3=7, a_5+a_7=26$,求:

(1)数列$\{a_n\}$的通项公式;

(2)数列$\{b_n\}$前n项的和$T_n = \dfrac{1}{a_n^2-1}(n\in \mathbf{N}^*)$.

34. (7分)已知函数 $f(x)=\cos\left(2x-\dfrac{\pi}{3}\right)-2\sin\left(\dfrac{\pi}{4}-x\right)\cos\left(x-\dfrac{\pi}{4}\right)$,

(1)将该函数化成正弦型函数;

(2)求出该函数的最小正周期;

(3)求函数 $f(x)$ 的最大值及取最大值的自变量 x 的集合.

35.(7分)设抛物线的对称轴为坐标轴,顶点为坐标原点,焦点在圆 $x^2+y^2+4x=0$ 的圆心,过焦点作倾斜角为 $\dfrac{\pi}{4}$ 的直线与抛物线交于 A、B 两点,求:

(1)直线与抛物线的方程;

(2)$|AB|$ 的长.

36.(6分)某实验室有4名男研究员、2名女研究员,现从中任选2人参加学术会议,求所选2人中女研究员人数ξ的概率分布.

37.(7分)已知D是等腰$Rt\triangle ABC$斜边BC的中点,$BC=2$,P是平面ABC外一点,$PC\perp$平面ABC,$DE\perp PB$于E,$DE=\dfrac{\sqrt{3}}{3}$,

(1)求证:$AD\perp$平面PCB;

(2)求二面角$A\text{-}PB\text{-}C$的大小.

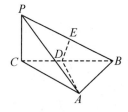

参考答案

第1章 三角公式及应用

1.1 两角和差的正弦公式与余弦公式

第1课时 两角和与差的余弦公式课堂小测试答案

一、选择题

1. C.　2. B.　3. B.　4. A.　5. D.

二、填空题

6. $\dfrac{\sqrt{6}-\sqrt{2}}{4}$.　7. (1) $\cos x$; (2) $\dfrac{\sqrt{2}}{2}$.　8. $\dfrac{4+3\sqrt{3}}{10}$.　9. $-\dfrac{56}{65}$.　10. $\dfrac{24}{25}$.

三、解答题

11. $\cos 105°=\cos(45°+60°)=\cos 45°\cos 60°-\sin 45°\sin 60°=\dfrac{\sqrt{2}}{2}\times\dfrac{1}{2}-\dfrac{\sqrt{2}}{2}\times\dfrac{\sqrt{3}}{2}=\dfrac{\sqrt{2}-\sqrt{6}}{4}$.

12. (1) $\cos 77°\cos 47°+\sin 77°\sin 47°=\cos(77°-47°)=\cos 30°=\dfrac{\sqrt{3}}{2}$.

    (2) $\cos 43°\cos 77°-\sin 43°\cos 13°=\cos 43°\cos 77°-\sin 43°\sin 77°=\cos(43°+77°)=\cos 120°=-\dfrac{1}{2}$.

13. 因为 $\sin(\alpha+\beta)=-\dfrac{3}{5}$，$(\alpha+\beta)\in\left(\dfrac{3\pi}{2},2\pi\right)$，所以 $\cos(\alpha+\beta)=\dfrac{4}{5}$.

    又因为 $\sin(\alpha-\beta)=\dfrac{12}{13}$，且 $(\alpha-\beta)\in\left(\dfrac{\pi}{2},\pi\right)$，所以 $\cos(\alpha-\beta)=-\dfrac{5}{13}$，

    所以

    $\cos 2\alpha=\cos[(\alpha+\beta)+(\alpha-\beta)]$
    $=\cos(\alpha+\beta)\cdot\cos(\alpha-\beta)-\sin(\alpha+\beta)\cdot\sin(\alpha-\beta)$
    $=\dfrac{4}{5}\times\left(-\dfrac{5}{13}\right)-\left(-\dfrac{3}{5}\right)\times\dfrac{12}{13}=\dfrac{16}{65}$.

    $\cos 2\beta=\cos[(\alpha+\beta)-(\alpha-\beta)]$
    $=\cos(\alpha+\beta)\cdot\cos(\alpha-\beta)+\sin(\alpha+\beta)\cdot\sin(\alpha-\beta)$

$$=\frac{4}{5}\times\left(-\frac{5}{13}\right)+\left(-\frac{3}{5}\right)\times\frac{12}{13}=-\frac{56}{65}.$$

第2课时 两角和与差的正弦公式课堂小测试答案

一、选择题

1. D.　2. D.　3. C.　4. B.　5. A.

二、填空题

6. $\frac{\sqrt{6}+\sqrt{2}}{4}$.　7. (1) $\sin x$; (2) $\frac{\sqrt{3}}{2}$.　8. $\frac{3\sqrt{3}+4}{10}$.　9. $-\frac{33}{65}$.　10. 1.

三、解答题

11. $\sin 105°=\sin(45°+60°)=\sin 45°\cos 60°+\cos 45°\sin 60°=\frac{\sqrt{2}}{2}\times\frac{1}{2}+\frac{\sqrt{2}}{2}\times\frac{\sqrt{3}}{2}=\frac{\sqrt{2}+\sqrt{6}}{4}$.

12. (1) $\sin 83°\cos 38°-\cos 83°\sin 38°=\sin(83°-38°)=\sin 45°=\frac{\sqrt{2}}{2}$.

(2) $\cos 77°\cos 47°+\cos 13°\sin 47°=\sin 13°\cos 47°+\cos 13°\sin 47°=\sin(13°+47°)=\sin 60°=\frac{\sqrt{3}}{2}$.

13. 因为 $\sin(\alpha+\beta)=-\frac{3}{5}$, $(\alpha+\beta)\in\left(\frac{3\pi}{2},2\pi\right)$, 所以 $\cos(\alpha+\beta)=\frac{4}{5}$.

又因为 $\sin(\alpha-\beta)=\frac{1}{2}$, 且 $(\alpha-\beta)\in\left(0,\frac{\pi}{2}\right)$, 所以 $\cos(\alpha-\beta)=\frac{\sqrt{3}}{2}$.

所以

$\sin 2\alpha=\sin[(\alpha+\beta)+(\alpha-\beta)]$
$=\sin(\alpha+\beta)\cos(\alpha-\beta)+\cos(\alpha+\beta)\sin(\alpha-\beta)$
$=\left(-\frac{3}{5}\right)\times\frac{\sqrt{3}}{2}+\frac{4}{5}\times\frac{1}{2}=\frac{-3\sqrt{3}+4}{10}$.

$\sin 2\beta=\sin[(\alpha+\beta)-(\alpha-\beta)]$
$=\sin(\alpha+\beta)\cos(\alpha-\beta)-\cos(\alpha+\beta)\sin(\alpha-\beta)$
$=\left(-\frac{3}{5}\right)\times\frac{\sqrt{3}}{2}-\frac{4}{5}\times\frac{1}{2}=\frac{-3\sqrt{3}-4}{10}$.

第3课时 两角和与差的正切公式课堂小测试答案

一、选择题

1. B.　2. C.　3. A.　4. D.　5. A.

二、填空题

6. $2+\sqrt{3}$.　　7. $\sqrt{3}$.　　8. $\sqrt{3}$.　　9. -1, $-\dfrac{1}{7}$.　　10. $\dfrac{9+5\sqrt{3}}{6}$.

三、解答题

11. $\tan 105°=\tan(45°+60°)=\dfrac{\tan 45°+\tan 60°}{1-\tan 45°\tan 60°}=\dfrac{1+\sqrt{3}}{1-1\times\sqrt{3}}=-2-\sqrt{3}$.

12. 根据根与系数的关系得，$\tan\alpha+\tan\beta=\dfrac{5}{6}$, $\tan\alpha\tan\beta=\dfrac{1}{6}$, 则 $\tan(\alpha+\beta)=\dfrac{\tan\alpha+\tan\beta}{1-\tan\alpha\tan\beta}=\dfrac{\frac{5}{6}}{1-\frac{1}{6}}=1$, 又因为 $0<\alpha<\dfrac{\pi}{2}$, $\pi<\beta<\dfrac{3\pi}{2}$, 则 $\pi<\alpha+\beta<2\pi$, 所以 $\alpha+\beta=\dfrac{5\pi}{4}$.

13. 略.

第4课时　二倍角公式课堂小测试答案

一、选择题

1. B.　　2. D.　　3. C.　　4. A.　　5. B.

二、填空题

6. $\dfrac{\sqrt{3}}{8}$.　　7. $1+\sin\alpha$.　　8. $-\dfrac{4}{3}$.　　9. $\dfrac{2\sqrt{5}}{5}$.　　10. $\dfrac{4\sqrt{2}}{7}$.

三、解答题

11. $\dfrac{1}{1-\tan 75°}-\dfrac{1}{1+\tan 75°}=\dfrac{(1+\tan 75°)-(1-\tan 75°)}{(1-\tan 75°)(1+\tan 75°)}=\dfrac{2\tan 75°}{1-\tan^2 75°}=\tan 150°=-\dfrac{\sqrt{3}}{3}$.

12. 因为 $\sin\alpha+\cos\alpha=\dfrac{\sqrt{2}}{2}$, 所以两边平方得，$1+2\sin\alpha\cos\alpha=\dfrac{1}{2}$, 则 $1+\sin 2\alpha=\dfrac{1}{2}$, 从而可知，$\sin 2\alpha=-\dfrac{1}{2}$, 所以 $\cos 4\alpha=1-2\sin^2 2\alpha=\dfrac{1}{2}$.

13. 证明：左边 $=\dfrac{2\sin\alpha-\sin 2\alpha}{2\sin\alpha+\sin 2\alpha}=\dfrac{2\sin\alpha(1-\cos\alpha)}{2\sin\alpha(1+\cos\alpha)}=\dfrac{1-\cos\alpha}{1+\cos\alpha}=\dfrac{\frac{1-\cos\alpha}{2}}{\frac{1+\cos\alpha}{2}}=\dfrac{\sin^2\frac{\alpha}{2}}{\cos^2\frac{\alpha}{2}}=\tan^2\dfrac{\alpha}{2}=$ 右边，所以原等式成立.

1.2 正弦型函数

第1课时 正弦型函数及其性质课堂小测试答案

一、选择题

1. C. 2. D. 3. A. 4. B. 5. A.

二、填空题

6. $\dfrac{1}{2}$. 7. $[-4,4]$. 8. $\dfrac{1}{4}$. 9. $-\dfrac{\pi}{6}+k\pi(k\in\mathbf{Z})$,$-3$. 10. 6.

三、解答题

11. (1) $y=\sin x\cos x=\dfrac{1}{2}(2\sin x\cos x)=\dfrac{1}{2}\sin 2x$;

(2) $y=\sin 2x+\cos 2x=\sqrt{2}\left(\sin 2x\cdot\dfrac{\sqrt{2}}{2}+\cos 2x\cdot\dfrac{\sqrt{2}}{2}\right)=$

$\sqrt{2}\left(\sin 2x\cdot\cos\dfrac{\pi}{4}+\cos 2x\cdot\sin\dfrac{\pi}{4}\right)=\sqrt{2}\sin\left(2x+\dfrac{\pi}{4}\right)$;

(3) $y=\sin\dfrac{x}{2}-\sqrt{3}\cos\dfrac{x}{2}=2\left(\sin\dfrac{x}{2}\cdot\dfrac{1}{2}+\cos\dfrac{x}{2}\cdot\dfrac{\sqrt{3}}{2}\right)=$

$2\left(\sin\dfrac{x}{2}\cdot\cos\dfrac{\pi}{3}+\cos\dfrac{x}{2}\cdot\sin\dfrac{\pi}{3}\right)=2\sin\left(\dfrac{x}{2}+\dfrac{\pi}{3}\right)$.

12. (1) $y=\sqrt{3}\sin x\cos x+\cos(\pi+x)\cos x=\dfrac{\sqrt{3}}{2}\sin 2x-\cos^2 x=\dfrac{\sqrt{3}}{2}\sin 2x-\dfrac{1}{2}\cos 2x-$

$\dfrac{1}{2}=\dfrac{\sqrt{3}}{2}\sin 2x-\dfrac{1}{2}(2\cos^2 x-1+1)=\sin\left(2x-\dfrac{\pi}{6}\right)-\dfrac{1}{2}$,

所以此函数的最小正周期是 π;

(2) 令 $2x-\dfrac{\pi}{6}=\dfrac{\pi}{2}+2k\pi(k\in\mathbf{Z})$,则 $x=\dfrac{\pi}{3}+k\pi(k\in\mathbf{Z})$,

所以当 $x=\dfrac{\pi}{3}+k\pi(k\in\mathbf{Z})$时,$y_{\max}=1-\dfrac{1}{2}=\dfrac{1}{2}$.

13. (1) $y=\sqrt{3}\cos 2x+3\sin 2x=2\sqrt{3}\left(\cos 2x\cdot\dfrac{1}{2}+\sin 2x\cdot\dfrac{\sqrt{3}}{2}\right)=2\sqrt{3}\sin\left(2x+\dfrac{\pi}{6}\right)$,

所以此函数的值域是 $[-2\sqrt{3},2\sqrt{3}]$;

(2) 此函数的最小正周期是 π;

(3) 令 $2x+\dfrac{\pi}{6}=\dfrac{\pi}{2}+2k\pi(k\in\mathbf{Z})$,则 $x=\dfrac{\pi}{6}+k\pi(k\in\mathbf{Z})$,

所以函数取得最大值时,x 的集合为 $\left\{x\,|\,x=\dfrac{\pi}{6}+k\pi(k\in\mathbf{Z})\right\}$.

第2课时 正弦型曲线课堂小测试答案

一、选择题

1. C.   2. C.   3. D.   4. C.   5. B.

二、填空题

6. $(-\pi+4k\pi, \pi+4k\pi)(k\in \mathbf{Z})$,$(\pi+4k\pi, 3\pi+4k\pi)(k\in \mathbf{Z})$.

7. $\left(-\dfrac{\pi}{6}+\dfrac{2\pi}{3}, \dfrac{\pi}{6}+\dfrac{2\pi}{3}\right)(k\in \mathbf{Z})$,$\left(\dfrac{\pi}{6}+\dfrac{2\pi}{3}, \dfrac{\pi}{2}+\dfrac{2\pi}{3}\right)(k\in \mathbf{Z})$.

8. $y=\sin\left(3x+\dfrac{\pi}{4}\right)$.   9. $y=\sin 2x$.   10. $\dfrac{\pi}{15}$.

三、解答题

11.（1）振幅为 3,最小正周期为 π,初相为 $\dfrac{\pi}{4}$;

（2）列表确定五点的坐标：

$2x+\dfrac{\pi}{4}$	0	$\dfrac{\pi}{2}$	π	$\dfrac{3\pi}{2}$	2π
$\sin\left(2x+\dfrac{\pi}{4}\right)$	0	1	0	-1	0
x	$-\dfrac{\pi}{8}$	$\dfrac{\pi}{8}$	$\dfrac{3\pi}{8}$	$\dfrac{5\pi}{8}$	$\dfrac{7\pi}{8}$
y	0	3	0	-3	0

则五点的坐标分别为 $\left(-\dfrac{\pi}{8},0\right)$、$\left(\dfrac{\pi}{8},3\right)$、$\left(\dfrac{3\pi}{8},0\right)$、$\left(\dfrac{5\pi}{8},-3\right)$、$\left(\dfrac{7\pi}{8},0\right)$.

所以该函数在一个周期内的图像为：

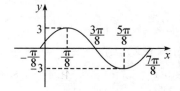

12. 由已知得：

$A=3$.

$T=2\left(\dfrac{7\pi}{8}-\dfrac{3\pi}{8}\right)=\pi$,因此 $\dfrac{2\pi}{\omega}=\pi$,则 $\omega=2$.

又有起点 $-\dfrac{\varphi}{\omega}=\dfrac{3\pi}{8}-\dfrac{T}{4}=\dfrac{3\pi}{8}-\dfrac{\pi}{4}=\dfrac{\pi}{8}$,所以 $\varphi=-\dfrac{\pi}{4}$,因此该函数的解析式为

$y=3\sin\left(2x-\dfrac{\pi}{4}\right)$.

13.（1）$y=\sqrt{3}\sin x\cos x+\dfrac{1}{2}\cos(\pi-2x)=\dfrac{\sqrt{3}}{2}\sin 2x-\dfrac{1}{2}\cos 2x=\sin\left(2x-\dfrac{\pi}{6}\right)$,所以

该函数的最小正周期是 π；

(2)令 $\dfrac{\pi}{2}+2k\pi < 2x-\dfrac{\pi}{6} < \dfrac{3\pi}{2}+2k\pi(k\in \mathbf{Z})$，则 $\dfrac{\pi}{3}+k\pi < x < \dfrac{5\pi}{6}+k\pi(k\in \mathbf{Z})$，所以函数的单调减区间为 $\left(\dfrac{\pi}{3}+k\pi,\dfrac{5\pi}{6}+k\pi\right)(k\in \mathbf{Z})$.

1.3　正弦定理和余弦定理

第 1 课时　正弦定理课堂小测试答案

一、选择题

1. D.　2. B.　3. B.　4. D.　5. D.　6. C.

二、填空题

7. $9\sqrt{3}$.　8. 30°或150°.　9. $\sin A < \sin B$.　10. $5(\sqrt{6}+\sqrt{2})$，20.

三、解答题

11. 由正弦定理 $\dfrac{a}{\sin A}=\dfrac{c}{\sin C}$，得 $\dfrac{10}{\sin 30°}=\dfrac{10\sqrt{3}}{\sin C}$，所以 $\sin C=\dfrac{\sqrt{3}}{2}$.

又因为 $a < c$，所以 $A < B$，故 $C=60°$或120°.

(1) 当 $C=120°$，$A=30°$时，$B=30°$，所以 $b=10$.

(2) 当 $C=60°$，$A=30°$时，$B=90°$，$b=20$.

12. 由正弦定理 $\dfrac{a}{\sin A}=\dfrac{c}{\sin C}=\dfrac{b}{\sin B}=2R$，得 $\sin A=\dfrac{a}{2R}$，$\sin B=\dfrac{b}{2R}$，$\sin C=\dfrac{c}{2R}$，代入并化简，得 $c^2=b^2+a^2$，所以 $C=90°$，即三角形为直角三角形.

13. (1) 由 $\cos A=-\dfrac{4}{5}$，得 $\sin A=\dfrac{3}{5}$，又由正弦定理 $\dfrac{a}{\sin A}=\dfrac{b}{\sin B}$，得 $\sin B=\dfrac{b\sin A}{a}=\dfrac{2}{5}$；

(2) 由已知 $a > b$，得 $A > B$，由 $\sin B=\dfrac{2}{5}$，得 $\cos B=\dfrac{\sqrt{21}}{5}$，所以 $\sin 2B=2\sin B\cos B=\dfrac{4\sqrt{21}}{25}$，$\cos 2B=1-2\sin^2 B=\dfrac{17}{25}$，代入并化简，得 $\sin\left(2B+\dfrac{\pi}{6}\right)=\dfrac{17+12\sqrt{7}}{50}$.

第 2 课时　余弦定理课堂小测试答案

一、选择题

1. D.　2. A.　3. C.　4. B.　5. C.　6. A.

二、填空题

7. $\dfrac{16}{65}$.　8. 等腰三角形.　9. $3\sqrt{5}$.　10. 60°.

三、解答题

11. 由余弦定理 $\cos C=\dfrac{a^2+b^2-c^2}{2ab}$，得

$\cos C = \dfrac{2^2+(\sqrt{6})^2-(\sqrt{3}+1)^2}{2\times 2\times \sqrt{6}}=\dfrac{\sqrt{6}-\sqrt{2}}{4}$,所以 $C=75°$.

由正弦定理 $\dfrac{c}{\sin C}=\dfrac{b}{\sin B}$,得 $\sin B=\dfrac{\sqrt{2}}{2}$,所以 $B=45°$,$A=180°-B-C=60°$.

12. 由题意得,$A+C=2B$,所以 $B=60°$,由余弦定理得,$b^2=a^2+c^2-2ac\cos 60°=a^2+c^2-ac=(a+c)^2-3ac=8^2-3\times 15=19$,所以 $b=\sqrt{19}$.

13. 设边长为 7 的边所对角为 C,则 $\cos C=\dfrac{5^2+8^2-7^2}{2\times 5\times 8}=\dfrac{1}{2}$,所以 $C=60°$,所以最长角和最小角的和为 $180°-B=120°$.

第 3 课时 正余弦定理的应用课堂小测试答案

一、选择题

1. C.　2. A.　3. D.　4. C.　5. D.　6. D.

二、填空题

7. $\pm\dfrac{3}{5}$.　8. $36-12\sqrt{6}$.　9. $150°$ 或 $30°$.　10. $60\sqrt{5}$.　11. 等边.

三、解答题

12. (1) 由已知 $\tan A+\tan B=-\sqrt{3}(1-\tan A\tan B)$,$\tan(A+B)=\dfrac{\tan A+\tan B}{1-\tan A\tan B}=-\sqrt{3}$,所以 $A+B=120°$,$C=60°$.

(2) $S=\dfrac{1}{2}ab\sin C=\dfrac{1}{2}ab\times\dfrac{\sqrt{3}}{2}=\dfrac{3}{2}\sqrt{3}$,所以 $ab=6$.

由余弦定理得,$c^2=a^2+b^2-2ab\times\dfrac{1}{2}=a^2+b^2-ab$,所以 $c^2=(a+b)^2-3ab$,

$(a+b)^2=c^2+3ab=\left(\dfrac{7}{2}\right)^2+3\times 6=\dfrac{121}{4}$,所以 $a+b=\dfrac{11}{2}$.

13. 由 $c=b(1+2\cos A)$,得 $\sin C=\sin B(1+2\cos A)$,所以 $\sin(A+B)=\sin B+2\sin B\cos A$,$\sin A\cos B+\cos A\sin B=\sin B+2\sin B\cos A$,$\sin B=\sin A\cos B-\cos A\sin B$,$\sin B=\sin(A-B)$,所以 $B=A-B$ 或 $B+A-B=180°$(舍去),即 $A=2B$.

14. (1) 由 $\cos C=\dfrac{3}{4}$,得 $\sin C=\dfrac{\sqrt{7}}{4}$,又因为 $A+B+C=\pi$,所以 $A+B=\pi-C$,所以 $\sin(A+B)=\sin C=\dfrac{\sqrt{7}}{4}$.

(2) 由余弦定理 $C^2=A^2+B^2-2ab\cos C$,并化简得,$2b^2-3B-2=0$,所以 $B=2$

或 $B=-\dfrac{1}{2}$（舍去）.

(3) 由正弦定理 $\dfrac{b}{\sin B}=\dfrac{c}{\sin C}$，得 $\sin B=\dfrac{b\sin C}{c}=\dfrac{\sqrt{14}}{4}$.

15. 依题意可知，$A=45°+15°=60°$，$\angle ABP=45°$，$\angle PBQ=45°$，

所以 $\angle ABQ=90°$，$\angle AQB=30°$，$\angle APB=75°$.

在 $\triangle ABP$ 中，$AB=4$，所以 $\dfrac{4}{\sin 75°}=\dfrac{AP}{\sin 45°}$，$AP=4(\sqrt{3}-1)$，

在 $\triangle ABQ$ 中，$\angle ABQ=90°$，$AB=4$，所以 $AQ=8$.

所以 $PQ=AQ-AP=12-4\sqrt{3}$.

第1章　章节测试答案

一、选择题

1. B.　2. A.　3. B.　4. B.　5. D.　6. C.　7. C.　8. C.　9. B.　10. C.

二、填空题

11. $\dfrac{\sqrt{3}}{2}$.　12. $-\sqrt{3}$.　13. 1.　14. $\dfrac{1}{4}$.　15. -5.　16. $\dfrac{3\pi}{4}$.　17. 2.　18. $\dfrac{\pi}{8}+k\pi$ $(k\in\mathbf{Z})$，$\sqrt{2}$.　19. $3\sqrt{3}$.　20. 等腰或直角.

三、解答题

21. 因为 $B=45°$，$C=75°$，所以 $A=60°$.

所以 $b=\dfrac{a}{\sin A}\cdot \sin B=\dfrac{6}{\sin 60°}\cdot \sin 45°=2\sqrt{6}$，$c=\dfrac{a}{\sin A}\cdot \sin C=3\sqrt{2}+\sqrt{6}$.

22. 因为 $\sin(\alpha+\beta)=-\dfrac{4}{5}$，$\alpha+\beta\in\left(\dfrac{3\pi}{2},2\pi\right)$，所以 $\cos(\alpha+\beta)=\dfrac{3}{5}$.

因为 $\sin(\alpha-\beta)=\dfrac{5}{13}$，$\alpha-\beta\in\left(\dfrac{\pi}{2},\pi\right)$，所以 $\cos(\alpha-\beta)=-\dfrac{12}{13}$，所以

$\sin 2\alpha=\sin[(\alpha+\beta)+(\alpha-\beta)]$
$=\sin(\alpha+\beta)\cos(\alpha-\beta)+\cos(\alpha+\beta)\sin(\alpha-\beta)$
$=-\dfrac{4}{5}\times\left(-\dfrac{12}{13}\right)+\dfrac{3}{5}\times\dfrac{5}{13}=\dfrac{63}{65}$.

$\cos 2\alpha=\cos[(\alpha+\beta)+(\alpha-\beta)]$
$=\cos(\alpha+\beta)\cos(\alpha-\beta)-\sin(\alpha+\beta)\sin(\alpha-\beta)$
$=\dfrac{3}{5}\times\left(-\dfrac{12}{13}\right)-\left(-\dfrac{4}{5}\right)\times\dfrac{5}{13}=-\dfrac{16}{65}$.

$\tan 2\alpha=\dfrac{\sin 2\alpha}{\cos 2\alpha}=-\dfrac{63}{16}$.

23. 证明：左边 $= \cos^2\alpha - \cos\alpha\cos\beta + \sin^2\alpha - \sin\alpha\sin\beta$

$= 1 - (\cos\alpha\cos\beta + \sin\alpha\sin\beta)$

$= 1 - \cos(\alpha - \beta)$

$= 2 \times \dfrac{1 - \cos(\alpha - \beta)}{2}$

$= 2\sin^2 \dfrac{\alpha - \beta}{2} =$ 右边.

所以原等式成立.

24. 由已知得，$A = 3$，$T = 2\left(\dfrac{5\pi}{6} - \dfrac{\pi}{3}\right) = \pi$，因此 $\dfrac{2\pi}{\omega} = \pi$，则 $\omega = 2$.

又有起点 $-\dfrac{\varphi}{\omega} = \dfrac{\pi}{3} - \dfrac{T}{4} = \dfrac{\pi}{3} - \dfrac{\pi}{4} = \dfrac{\pi}{12}$，所以 $\varphi = -\dfrac{\pi}{6}$，因此该函数的解析式为

$y = 3\sin\left(2x - \dfrac{\pi}{6}\right)$.

25. (1) $y = \cos^2 x - \sin^2 x + 2\sqrt{3}\sin x\cos x = \cos 2x + \sqrt{3}\sin 2x = 2\sin\left(2x + \dfrac{\pi}{6}\right)$，所以该函数的最小正周期是 π；

(2) 令 $2x + \dfrac{\pi}{6} = \dfrac{\pi}{2} + 2k\pi(k \in \mathbf{Z})$，则 $x = \dfrac{\pi}{6} + k\pi(k \in \mathbf{Z})$，所以当 $x = \dfrac{\pi}{6} + k\pi(k \in \mathbf{Z})$ 时，该函数有最大值 2.

第 2 章　椭圆、双曲线、抛物线

2.1　椭圆

第 1 课时　椭圆的定义与标准方程课堂小测试答案

一、选择题

1. D.　2. D.　3. C.　4. B.　5. A.　6. B.

二、填空题

7. $\dfrac{x^2}{13} + y^2 = 1$.　8. $16, 8, 8\sqrt{3}, (0, \pm 4\sqrt{3})$.　9. 7.　10. $\dfrac{x^2}{16} + \dfrac{y^2}{25} = 1$.

三、解答题

11. (1) 由 $\dfrac{x^2}{5} + \dfrac{y^2}{4} = 1$，得 $a^2 = 5, b^2 = 4, c^2 = a^2 - b^2 = 1$，焦点在 x 轴上，所以椭圆的焦点坐标为 $(\pm 1, 0)$，焦距是 2.

(2) $2x^2 + y^2 = 16$，即 $\dfrac{x^2}{8} + \dfrac{y^2}{16} = 1$，得 $a^2 = 16, b^2 = 8, c^2 = a^2 - b^2 = 8$，焦点在 y 轴上，所以椭圆的焦点坐标为 $(0, \pm 2\sqrt{2})$，焦距是 $4\sqrt{2}$.

12. 椭圆的焦距为8,所以$2c=8,c=4$,椭圆上的点到两个焦点的距离之和为10,即为$2a=10,a=5$,所以$b^2=a^2-c^2=5^2-4^2=9$,椭圆的标准方程为$\dfrac{x^2}{25}+\dfrac{y^2}{9}=1$或$\dfrac{y^2}{25}+\dfrac{x^2}{9}=1$.

13. 椭圆的长轴长是短轴长的2倍,所以$a=2b$,一个顶点为$(-2,0)$,若$a=2$,则$b=1$,此时椭圆的方程是$\dfrac{x^2}{4}+y^2=1$;若$b=2$,则$a=4$,此时椭圆的方程是$\dfrac{x^2}{4}+\dfrac{y^2}{16}=1$.

第2课时 椭圆的性质课堂小测试答案

一、选择题

1. C. 2. B. 3. C. 4. C. 5. D. 6. B. 7. A. 8. D.

二、填空题

9. $\dfrac{x^2}{2}+\dfrac{y^2}{7}=1$. 10. 8. 11. $(-6,-1)$. 12. 8. 13. $\dfrac{9}{4}$. 14. $\dfrac{y^2}{34}+\dfrac{x^2}{9}=1$.

三、解答题

15. 因为椭圆的一个焦点为$F_1(-2\sqrt{3},0)$,所以椭圆的焦点在x轴上,并且$c=2\sqrt{3}$,长轴长与短轴长之和为12,所以$2a+2b=12,a+b=6$,又$a^2-b^2=c^2$,解得$a=4,b=2$.椭圆的标准方程是$\dfrac{x^2}{16}+\dfrac{y^2}{4}=1$.

16. 在△ABC中,两个顶点为$B(-2,0)$、$C(2,0)$,且三角形的周长为10,所以$|AB|+|AC|=10-4=6$,即顶点A在以B,C为焦点,长轴长是6的椭圆上,$c=2,a=3$,从而$b^2=a^2-c^2=9-4=5$,所以顶点A的轨迹方程为$\dfrac{x^2}{9}+\dfrac{y^2}{5}=1(y\neq 0)$.

17. 椭圆上一点M到两焦点距离之和为20,所以$2a=20,a=10$,因为$|MF_1|$、$|F_1F_2|$、$|MF_2|$成等差数列,所以$2|F_1F_2|=|MF_1|+|MF_2|$,有$2\cdot 2c=2a$,所以$c=5$,从而$b^2=a^2-c^2=100-25=75$,椭圆的标准方程$\dfrac{x^2}{100}+\dfrac{y^2}{75}=1$或$\dfrac{y^2}{100}+\dfrac{x^2}{75}=1$.

18. 椭圆$\dfrac{y^2}{16}+\dfrac{x^2}{4}=1$中$a^2=16,b^2=4,c^2=16-4=12$,焦点为$(0,\pm 2\sqrt{3})$,离心率为$e=\dfrac{c}{a}=\dfrac{2\sqrt{3}}{4}=\dfrac{\sqrt{3}}{2}$,所求椭圆顶点为$(0,\pm 2\sqrt{3})$,若$a=2\sqrt{3}$,则$c=3,b^2=12-9=3$,所以椭圆方程是$\dfrac{x^2}{3}+\dfrac{y^2}{12}=1$;若$b=2\sqrt{3}$,则$e^2=\dfrac{c^2}{a^2}=\dfrac{a^2-12}{a^2}$,解得$a^2=48$,所以椭圆方程是$\dfrac{x^2}{48}+\dfrac{y^2}{12}=1$.

2.2 双曲线

第1课时 双曲线的定义与标准方程课堂小测试答案

一、选择题

1. D.   2. C.   3. C.   4. A.   5. C.   6. A.

二、填空题

7. $\dfrac{x^2}{25}-\dfrac{y^2}{144}=1$.   8. $8,4,(\pm 2\sqrt{5},0),4\sqrt{5}$.   9. 18 或 2.   10. $\dfrac{y^2}{25}-\dfrac{x^2}{39}=1$.

三、解答题

11. (1) 由 $\dfrac{x^2}{5}-\dfrac{y^2}{4}=1$,得 $a^2=5,b^2=4,c^2=a^2+b^2=9$,焦点在 x 轴上,所以双曲线的焦点坐标为 $(\pm 3,0)$,焦距是 6.

(2) $2x^2-y^2=16$,即 $\dfrac{x^2}{8}-\dfrac{y^2}{16}=1$,得 $a^2=8,b^2=16,c^2=a^2+b^2=24$,焦点在 x 轴上,所以双曲线的焦点坐标为 $(\pm 2\sqrt{6},0)$,焦距是 $4\sqrt{6}$.

12. M 到两个定点 $F_1(0,-\sqrt{13})$、$F_2(0,\sqrt{13})$ 的距离之差等于 4,故 $2a=4,c=\sqrt{13}$. 所以 $a=2,b^2=c^2-a^2=9$,动点 M 的轨迹方程为 $\dfrac{y^2}{4}-\dfrac{x^2}{9}=1(y>0)$.

13. 双曲线的两个顶点为 $(0,-4)$、$(0,4)$,所以 $a=4$,且焦点在 y 轴上,离心率是 $e=\dfrac{c}{a}=\dfrac{3}{2}$,所以 $c=6$,从而 $b^2=c^2-a^2=20$,所以双曲线的标准方程是 $\dfrac{y^2}{16}-\dfrac{x^2}{20}=1$.

第2课时 双曲线的性质课堂小测试答案

一、选择题

1. A.   2. B.   3. C.   4. C.   5. B.   6. D.   7. C.   8. A.

二、填空题

9. $y=\pm\dfrac{4}{3}x$.   10. $\dfrac{y^2}{64}-\dfrac{x^2}{36}=1$.   11. $\dfrac{x^2}{36}-\dfrac{y^2}{16}=1$.   12. 26.   13. $\dfrac{x^2}{4}-\dfrac{y^2}{12}=1$.

14. $\dfrac{y^2}{12}-\dfrac{x^2}{4}=1$.

三、解答题

15. 因为双曲线焦点坐标为 $(\pm\sqrt{34},0)$,所以焦点在 x 轴上,且 $c=\sqrt{34}$,直线 $y=\pm\dfrac{3}{5}x$ 为渐近线,所以 $\dfrac{b}{a}=\dfrac{3}{5},c^2=a^2+b^2=34$,解得 $a^2=25,b^2=9$. 所以双曲线的标准方程为 $\dfrac{x^2}{25}-\dfrac{y^2}{9}=1$.

16. 由椭圆的方程知,$c=\sqrt{a^2-b^2}=\sqrt{169-144}=5$,所以椭圆的左焦点为 $(-5,0)$,

即圆心为$(-5,0)$.

双曲线$\dfrac{x^2}{9}-\dfrac{y^2}{16}=1$的渐近线方程为$y=\pm\dfrac{4}{3}x$,即$4x\pm 3y=0$.

由题意知,所求圆的圆心为$(-5,0)$,且与直线C相切,所以圆半径$r=d=\dfrac{|4\times(-5)|}{\sqrt{4^2+3^2}}=4$,因此所求圆的方程为$(x+5)^2+y^2=16$.

17. 焦点在x轴上的椭圆与某双曲线有共同焦点F_1、F_2,因为$|F_1F_2|=2\sqrt{13}$,所以$c=\sqrt{13}$,依题意有$\begin{cases}a_{椭}-a_{双}=4,\\ \dfrac{e_{椭}}{e_{双}}=\dfrac{3}{7},\end{cases}$解得$\begin{cases}a_{椭}=7,\\ a_{双}=3.\end{cases}$

椭圆中$b^2=a^2-c^2=49-13=36$,椭圆的标准方程为$\dfrac{x^2}{49}+\dfrac{y^2}{36}=1$.

双曲线中$b^2=c^2-a^2=13-9=4$,双曲线的标准方程为$\dfrac{x^2}{9}-\dfrac{y^2}{4}=1$.

18. $x^2+y^2-4y+3=0$变形为$x^2+(y-2)^2=1$,圆心为$(0,2)$,半径为$r=1$.

设圆的切线方程为$y=kx$,即$kx-y=0$,则$\dfrac{|-2|}{\sqrt{k^2+1}}=1$,得$k=\pm\sqrt{3}$,即双曲线的渐近线为$y=\pm\sqrt{3}x$.

椭圆$x^2+4y^2=4$,变形为$\dfrac{x^2}{4}+y^2=1$,焦点为$(\pm\sqrt{3},0)$.

双曲线还经过椭圆$4x^2+y^2=4$的两个焦点,即双曲线的顶点是$(\pm\sqrt{3},0)$,所以$a=\sqrt{3}$,焦点在x轴上,又$\dfrac{b}{a}=\sqrt{3}$,所以$b=3$,双曲线的方程为$\dfrac{x^2}{3}-\dfrac{y^2}{9}=1$.

2.3 抛物线

第1课时 抛物线的定义课堂小测试答案

一、选择题

1. C. 2. B. 3. A. 4. B. 5. C. 6. C.

二、填空题

7. $x^2=\pm 12y$. 8. $(\pm 4,4)$. 9. $y^2=4x$. 10. 5. 11. $y^2=8x$.

三、解答题

12. (1)由已知得,抛物线的焦点在x轴负半轴上,因为点$M(-2,m)$到焦点的距离为6,即点$M(-2,m)$到准线的距离为6,所以抛物线的准线方程为$x=4$,所以抛物线的标准方程为$y^2=-16x$. (2)把点$M(-2,m)$代入$y^2=-16x$,得$m=\pm 4\sqrt{2}$.

13. 因为双曲线$\dfrac{x^2}{5}-\dfrac{y^2}{4}=1$的右焦点为$(3,0)$,是抛物线的焦点,所以抛物线方程为

$y^2=12x.$

第2课时 抛物线的性质课堂小测试答案

一、选择题

1. B. 2. D. 3. A. 4. D. 5. C. 6. B.

二、填空题

7. $\left(\dfrac{1}{2},0\right), x=-\dfrac{1}{2}.$ 8. $y^2=-4x.$ 9. $8\sqrt{3}.$ 10. $y^2=4x.$ 11. $x=1.$

12. $y^2=-12x.$

三、解答题

13. 因为点$(-6,-4)$在第三象限,所以抛物线开口向左或向下.当抛物线开口向左时,设抛物线方程为$y^2=-2px(p>0)$,因为过点$(-6,-4)$,得$p=\dfrac{4}{3}$,所以抛物线的方程为$y^2=-\dfrac{8}{3}x.$

当抛物线开口向下时,设抛物线方程为$x^2=-2py(p>0)$,因为过点$(-6,-4)$,得$p=\dfrac{9}{2}$,所以抛物线的方程为$x^2=-9y.$

所以抛物线的标准方程为$y^2=-\dfrac{8}{3}x$或$x^2=-9y.$

14. 因为直线$x-2y+4=0$与坐标轴的交点为$(-4,0),(0,2)$,所以当抛物线的焦点是$(-4,0)$时,抛物线的标准方程是$y^2=-16x$;当抛物线的焦点是$(0,2)$时,抛物线的标准方程是$x^2=8y.$

所以抛物线的标准方程为$y^2=-16x$或$x^2=8y.$

15. 因为椭圆$\dfrac{x^2}{25}+\dfrac{y^2}{16}=1$的焦点是$(-3,0),(3,0)$,所以抛物线的焦点为$(-3,0),(3,0).$

所以抛物线的标准方程是$y^2=-12x$或$y^2=12x.$

2.4 二次曲线综合课堂小测试答案

1. (1)抛物线$y^2=4x$的焦点坐标为$(1,0)$,因此椭圆的焦点F_2为$(1,0)$,所以$c^2=9-m=1$,所以$m=8$;

(2)联立$\begin{cases}y^2=4x,\\ \dfrac{x^2}{9}+\dfrac{y^2}{8}=1,\end{cases}$ 整理得$2x^2+9x-18=0,$

解得$x=-6$(舍)或$x=\dfrac{3}{2}.$

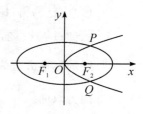

因此 P 点坐标为 $\left(\dfrac{3}{2},\sqrt{6}\right)$，$Q$ 点坐标为 $\left(\dfrac{3}{2},-\sqrt{6}\right)$；

(3) $|F_1F_2|=2$，$S_{\triangle PF_1F_2}=\dfrac{1}{2}\times 2\times\sqrt{6}=\sqrt{6}$.

2. (1) 抛物线的准线方程为 $4x+1=0$，即 $x=-\dfrac{1}{4}$，所以 $\dfrac{p}{2}=\dfrac{1}{4}$，$p=\dfrac{1}{2}$，

所以抛物线的标准方程为 $y^2=x$.

(2) 设点 Q 的坐标为 (a^2,a)，则点 Q 与点 $A(1,0)$ 的距离为

$\sqrt{(a^2-1)^2+a^2}=\sqrt{\left(a^2-\dfrac{1}{2}\right)^2+\dfrac{3}{4}}\geqslant\dfrac{\sqrt{3}}{2}$，所以动点 Q 与点 $A(1,0)$ 的最小距离是 $\dfrac{\sqrt{3}}{2}$.

3. (1) 设椭圆的标准方程为 $\dfrac{x^2}{a^2}+\dfrac{y^2}{b^2}=1(a>b>0)$，圆 O 的标准方程

为 $x^2+y^2=25$，半径为 5，所以 $|CD|=10$，椭圆中 $2a=10$，$a=5$，

离心率为 $e=\dfrac{c}{a}=\dfrac{4}{5}$，所以 $c=4$，$b^2=a^2-c^2=9$，故椭圆的方程为

$\dfrac{x^2}{25}+\dfrac{y^2}{9}=1$.

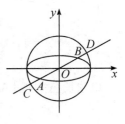

(2) 直线 l 的方程为 $y=\dfrac{3}{5}x$，直线与椭圆相交于点 $A(x_1,y_1)$、$B(x_2,y_2)$，

$\begin{cases}y=\dfrac{3}{5}x,\\ \dfrac{x^2}{25}+\dfrac{y^2}{9}=1,\end{cases}$ 解得 $\begin{cases}x_1=-\dfrac{5\sqrt{2}}{2},\\ y_1=-\dfrac{3\sqrt{2}}{2},\end{cases}$ 或 $\begin{cases}x_2=\dfrac{5\sqrt{2}}{2},\\ y_2=\dfrac{3\sqrt{2}}{2}.\end{cases}$

$|AB|=\sqrt{(x_2-x_1)^2+(y_2-y_1)^2}=\sqrt{68}=2\sqrt{17}$.

所以 $|AC|+|BD|=10-2\sqrt{17}$.

4. (1) 圆 $x^2+y^2-2x=0$ 变形为 $(x-1)^2+y^2=1$，即圆心坐标为 $(1,0)$，半径为 $r=1$.

抛物线对称轴为坐标轴，顶点在坐标原点，焦点为 $(1,0)$，所以抛物线方程为 $y^2=4x$；

圆与轴的右交点为 $(2,0)$，直线过点 $(2,0)$，倾斜角为 $\dfrac{\pi}{4}$，方程是 $y-0=\tan\dfrac{\pi}{4}(x-2)$，

所以直线 A、B 的方程为 $y=x-2$.

(2) 设直线与圆交于 $A(x_1,y_1)$，$B(x_2,y_2)$，AB 的中心坐标为 (x_0,y_0).

$\begin{cases}y=x-2,\\ y^2=4x\end{cases}\Rightarrow x^2-8x+4=0$，所以 $x_1+x_2=8$，$x_1\cdot x_2=4$.

根据弦长公式得，$|AB|=\sqrt{1+k^2}\sqrt{(x_1+x_2)^2-4x_1x_2}=\sqrt{1+1^2}\sqrt{8^2-4\times 4}=4\sqrt{6}$.

131

$x_0 = \dfrac{x_1+x_2}{2} = 4, y_0 = x_0 - 2 = 2$,所以 AB 的中心坐标为 $(4,2)$.

坐标原点到直线 $x-y-2=0$ 的距离 $d = \dfrac{|-2|}{\sqrt{1^2+(-1)^2}} = \sqrt{2}$.

所以 $S_{\triangle OAB} = \dfrac{1}{2} \times 4\sqrt{6} \times \sqrt{2} = 4\sqrt{3}$.

5. (1) 由抛物线 $y^2 = 8x$ 可得焦点 $F_2(2,0)$,双曲线 $x^2 - \dfrac{y^2}{m} = 1$ 中 $c^2 = 1+m = 4$,所以 $m = 3$,双曲线方程是 $x^2 - \dfrac{y^2}{3} = 1$,直线方程是 $y = \dfrac{\sqrt{3}}{3}(x+2)$.

(2) 设直线与双曲线交于 $A(x_1,y_1), B(x_2,y_2)$,

$\begin{cases} y = \dfrac{\sqrt{3}}{3}(x+2), \\ x^2 - \dfrac{y^2}{3} = 1, \end{cases}$ 整理得 $8x^2 - 4x - 13 = 0$,所以 $x_1+x_2 = \dfrac{1}{2}, x_1 \cdot x_2 = -\dfrac{13}{8}$.

由弦长公式得 $|AB| = \sqrt{1+k^2}\sqrt{(x_1+x_2)^2 - 4x_1x_2} = \sqrt{1+\dfrac{1}{3}}\sqrt{\left(\dfrac{1}{2}\right)^2 - 4\times\left(-\dfrac{13}{8}\right)} = 3$.

点 F_2 到直线的距离 $d = \dfrac{|2\sqrt{3}+2\sqrt{3}|}{\sqrt{12}} = 2$,所以 $S_{\triangle F_2 AB} = \dfrac{1}{2}|AB| \cdot d = \dfrac{1}{2} \times 3 \times 2 = 3$.

6. (1) 设双曲线 C 的方程为 $\dfrac{x^2}{a^2} - \dfrac{y^2}{b^2} = 1$,右焦点为 $F_2(1,0)$,渐近线方程为 $y = \pm\dfrac{b}{a}x$,变形为 $bx \pm ay = 0$.

因为焦点到渐近线的距离为 1,即 $\dfrac{|cb|}{\sqrt{a^2+b^2}} = 1$,由 $a^2+b^2 = c^2$,得 $b = 1$,双曲线 C 的离心率为 $\dfrac{2\sqrt{3}}{3}, e = \dfrac{c}{a} = \dfrac{2\sqrt{3}}{3}$.

所以 $\dfrac{c^2}{a^2} = \dfrac{a^2+1}{a^2} = \dfrac{12}{9}$,得 $a^2 = 3$,从而双曲线 C 的方程为 $\dfrac{x^2}{3} - y^2 = 1$.

(2) 设 $A(x_1,y_1), B(x_2,y_2)$.

则 $\begin{cases} \dfrac{x_1^2}{3} - y_1^2 = 1, \\ \dfrac{x_2^2}{3} - y_2^2 = 1, \end{cases}$ 两式相减得 $\dfrac{(x_1+x_2)(x_1-x_2)}{3} = (y_1+y_2)(y_1-y_2)$.

假如 $M(3,1)$ 是线段 AB 的中点,有 $x_1+x_2 = 6, y_1+y_2 = 2$,得 $k = \dfrac{y_1-y_2}{x_1-x_2} = 1$,即直线 l 存在,方程为 $y - 1 = 1 \cdot (x-3)$,即 $x - y - 2 = 0$.

132

第 2 章　章节测试答案

一、选择题

1．C．　2．B．　3．A．　4．A．　5．B．　6．B．　7．A．　8．A．　9．D．　10．C．　11．D．
12．B．　13．C．　14．C．　15．D．

二、填空题

16．$4\sqrt{3}$．　17．$(2,\pm 2\sqrt{2})$．　18．$(9,20)$．　19．$\dfrac{\sqrt{3}}{2}$．　20．$\dfrac{y^2}{9}-\dfrac{x^2}{7}=1$．

21．$\left(\dfrac{1}{2},\dfrac{5}{2}\right)$．　22．$\dfrac{y^2}{32}-\dfrac{x^2}{18}=1$．　23．$\dfrac{x^2}{48}+\dfrac{y^2}{12}=1$ 或 $\dfrac{y^2}{12}+\dfrac{x^2}{3}=1$．　24．$\dfrac{y^2}{9}-\dfrac{x^2}{3}=1$．

25．$y^2=16x$．

三、解答题

26．直线 $x+2y-4=0$ 与两个坐标轴的交点为 $(0,2),(4,0)$．

当焦点是 $(0,2)$，顶点是 $(4,0)$ 时，即焦点在 y 轴上，得 $b=4,c=2,a^2=20$．所以椭圆的标准方程为 $\dfrac{y^2}{20}+\dfrac{x^2}{16}=1$．

当焦点是 $(4,0)$，顶点是 $(0,2)$ 时，即焦点在 x 轴上，得 $b=2,c=4,a^2=20$．所以椭圆的标准方程为 $\dfrac{x^2}{20}+\dfrac{y^2}{4}=1$．

27．双曲线 $x^2-4y^2=4$ 的焦点是 $(-\sqrt{5},0),(\sqrt{5},0)$，因为有共同的焦点，则椭圆中有 $c=\sqrt{5},a=6$，所以 $b^2=31$，又因为焦点在 x 轴上，所以椭圆的标准方程为 $\dfrac{x^2}{36}+\dfrac{y^2}{31}=1$．

28．(1) 由已知得 $a=6,e=\dfrac{c}{a}=\dfrac{5}{3}$，得 $c=10$，所以 $b^2=64$，因为焦点在 x 轴上，所以双曲线的标准方程为 $\dfrac{x^2}{36}-\dfrac{y^2}{64}=1$．

(2) 焦点坐标为 $(-10,0),(10,0)$；渐近线的方程为 $y=\pm\dfrac{4}{3}x$．

29．(1) 由已知，联立方程组得 $\begin{cases}y=2x-b,\\y^2=4x.\end{cases}$ 消去 y 得 $4x^2-(4b+4)x+b^2=0$，

设此方程的两根是 x_1,x_2，得 $x_1+x_2=\dfrac{4b+4}{4}=b+1,x_1x_2=\dfrac{b^2}{4}$．由弦长公式得

$|AB|=\sqrt{1+4}\sqrt{(b+1)^2-4\times\dfrac{b^2}{4}}=3\sqrt{5}$，解得 $b=4$．

(2) 设点 $P(a,0)$，则点 P 到直线 $2x-y-4=0$ 的距离为 $\dfrac{|2a-4|}{\sqrt{5}}$．

$S_{\triangle PAB} = \frac{1}{2} \times 3\sqrt{5} \times \frac{|2a-4|}{\sqrt{5}} = 9$，得 $a = 5$ 或 $a = -1$. 所以点 P 的坐标为 $(5,0)$，$(-1,0)$.

30.(1) 由已知得圆的圆心是 $(-1,0)$，且是抛物线的焦点，所以抛物线的方程是 $y^2 = -4x$.

直线过点 $(-1,0)$，斜率 $k = \tan \frac{3\pi}{4} = -1$，直线方程为 $y = -1(x+1)$，即 $x+y+1=0$.

(2) 由已知，联立方程组得 $\begin{cases} y = -x-1, \\ y^2 = -4x. \end{cases}$ 消去 y 得 $x^2 + 6x + 1 = 0$，设此方程的两根是 x_1、x_2，得 $x_1 + x_2 = -6$，$x_1 x_2 = 1$. 由弦长公式得 $|AB| = \sqrt{1+1}\sqrt{36-4} = 8$.

第 3 章　概率与统计

3.1　排列与组合

第 1 课时　排列及排列数的计算课堂小测试答案

一、选择题

1. A.　2. B.　3. B.　4. A.　5. B.　6. C.

二、填空题

7. 228.　8. 24.　9. $\frac{5}{16}$.　10. 720.

三、解答题

11.(1) $3x(x-1)(x-2) = 2(x+1)x + 6x(x-1)$，整理得 $3x^2 - 17x + 10 = 0$，解得 $x = 5$ 或 $x = \frac{2}{3}$（舍去），所以 $x = 5$.

(2) 由排列数公式并化简整理得 $n^2 - 6n + 5 = 0$，解得 $n = 5$ 或 $n = 1$（舍去），所以 $n = 5$.

12.(1) $P_5^1 + P_5^2 + P_5^3 + P_5^4 + P_5^5 = 325$；(2) $P_3^2 P_3^3 + P_4^1 P_4^4 = 114$.

13. $P_3^1 P_6^1 + P_3^2 = 24$.

14. $P_{14}^2 = 182$.

第 2 课时　排列的应用(1)课堂小测试答案

一、选择题

1. C.　2. A.　3. C.　4. C.　5. B.　6. C.

二、填空题

7. 36.　8. 576.　9. 504.　10. 14 400.

三、解答题

11. (1) $P_3^3 P_4^4 P_2^2 = 288$; (2) $P_6^6 = 720$; (3) $P_4^4 P_5^3 = 1\,440$; (4) $P_5^5 P_6^2 = 3\,600$; (5) $P_5^1 P_6^6 = 3\,600$; (6) $P_3^1 P_4^2 P_4^4 = 864$.

12. (1) $P_5^1 P_5^3 = 300$; (2) $P_3^1 P_4^1 P_4^2 = 144$; (3) $P_5^3 + P_2^1 P_4^1 P_4^2 = 156$; (4) $P_5^3 + P_4^1 P_4^2 = 108$; (5) $P_4^1 P_5^3 = 240$.

13. $P_3^1 + P_3^2 + P_3^3 = 15$.

第3课时　排列的应用(2)课堂小测试答案

一、选择题

1. A. 2. B. 3. B. 4. A. 5. D. 6. C.

二、填空题

7. 72. 8. 54. 9. 21. 10. 24.

三、解答题

11. P_4^2.

12. $P_5^5 P_3^3 P_2^2 P_2^2$.

13. (1) $P_2^2 P_8^2 P_7^7$; (2) $P_2^2 P_5^1 P_8^8$; (3) $P_5^2 P_8^8$; (4) $2P_5^5 P_5^5$; (5) $P_5^5 P_6^6$; (6) $P_{10}^{10} - P_5^5 P_6^6$.

第4课时　组合及组合数的计算课堂小测试答案

一、选择题

1. A. 2. B. 3. C. 4. B. 5. A. 6. D.

二、填空题

7. 330. 8. 126. 9. 45. 10. 31. 11. 42.

三、解答题

12. 由组合数性质得，$C_n^{n-2} = C_n^2 = 36$，所以有 $n^2 - n - 72 = 0$，解得 $n = 9$ 或 $n = -8$(舍去)，故 $n = 9$.

13. (1) $C_{10}^2 = 45$；(2) $C_6^2 C_4^2 = 90$.

14. $\dfrac{1}{2} C_4^2 = 3$.

第5课时　组合的应用课堂小测试答案

一、选择题

1. C. 2. A. 3. B. 4. C. 5. D. 6. D.

二、填空题

7. 1 386. 8. 7. 9. 16. 10. 6.

三、解答题

11. (1) $C_{10}^3 = 120$;(2) $C_4^1 C_8^3 + C_4^2 C_8^2 + C_4^3 C_8^1 = 424$;(3) $C_4^2 C_8^2 = 168$;(4) $C_{10}^2 = 45$;

(5) $C_8^1 C_4^3 = 32$;(6) $C_8^1 C_4^4 + C_4^4 = 33$.

12. (1) $C_4^4 + C_4^3 C_6^1 = 25$;(2) $C_4^4 + C_4^3 C_6^1 + C_4^2 C_6^2 = 115$.

13. (1) $C_6^2 C_4^2 C_2^2 = 90$;(2) $\dfrac{C_6^2 C_4^2 C_2^2}{P_3^3} = 15$;(3) $C_6^1 C_5^2 C_3^3 = 60$;(4) $C_6^1 C_5^2 C_3^3 P_3^3 = 360$.

第6课时 排列组合的综合应用课堂小测试答案

一、选择题

1. C. 2. C. 3. C. 4. C. 5. C. 6. B.

二、填空题

7. 18. 8. 6. 9. 84. 10. 4.

三、解答题

11. $C_4^2 C_2^1 C_2^1 = 24$.

12. $C_6^3 = 20$.

13. $C_4^4 C_7^4 + C_4^3 C_2^1 C_6^4 + C_4^2 C_2^2 C_5^4 = 185$.

14. $C_{10}^2 - C_4^2 + 1 = 40$.

15. (1) $C_5^3 C_3^2 P_5^5 = 3\,600$;(2) $P_7^4 = 840$;(3) $P_3^1 P_6^3 = 360$.

3.2 二项式定理

课堂小测试答案

一、选择题

1. D. 2. B. 3. C. 4. D. 5. D. 6. A.

二、填空题

7. 32. 8. 8. 9. -1. 10. 28.

三、解答题

11. $T_{m+1} = C_{10}^m \cdot \left(\dfrac{1}{2}x\right)^{10-m} \cdot 1^m = \left(\dfrac{1}{2}\right)^{10-m} C_{10}^m x^{10-m}$.

令 $10-m=3$,则 $m=7$.

所以 x^3 的项的系数为 $\left(\dfrac{1}{2}\right)^{10-7} \cdot C_{10}^7 = 15$.

12. 因为 $n=9$,为奇数,所以二项展开式为 10 项,二项式系数最大的项为第 5 项和第 6 项.

第 5 项为 $T_5 = T_{4+1} = C_9^4 x^5 \left(-\dfrac{\sqrt{2}}{x}\right)^4 = (-\sqrt{2})^4 C_9^4 x^5 x^{-4} = 504x$.

第 6 项为 $T_6=T_{5+1}=\mathrm{C}_9^5 x^4\left(-\dfrac{\sqrt{2}}{x}\right)^5=(-\sqrt{2})^5\mathrm{C}_9^5 x^4 x^{-5}=-504\sqrt{2}\,x^{-1}.$

第 5 项和第 6 项的二项式系数相等,即 $\mathrm{C}_9^4=\mathrm{C}_9^5=126.$

第 5 项的系数为 504,第 6 项的系数为 $-504\sqrt{2}.$

13. 二项展开式的通项公式为:

$$T_{m+1}=\mathrm{C}_{10}^m(\sqrt{x})^{10-m}\left(-\dfrac{1}{\sqrt{x}}\right)^m=(-1)^m\mathrm{C}_{10}^m x^{\frac{10-m}{2}}x^{-\frac{m}{2}}=(-1)^m\mathrm{C}_{10}^m x^{5-m}.$$

令 $5-m=2$,得 $m=3.$

所以二项展开式中含 x^2 的项为第 4 项,即 $T_4=T_{3+1}=(-1)^3\mathrm{C}_{10}^3 x^2=-120\,x^2.$

因为 $n=10$ 为偶数,所以二项展开式中二项式系数最大的是第 6 项.

由二项展开式知,$T_6=T_{5+1}=(-1)^5\mathrm{C}_{10}^5 x^{5-5}=-252.$

3.3　离散型随机变量及其分布

课堂小测试答案

一、选择题

1. B.　2. D.　3. B.　4. C.　5. B.　6. D.

二、填空题

7. 0,5.　8. 1,2,3.　9. $\dfrac{1}{21};\dfrac{10}{21}.$

三、解答题

10. 所选 3 个人中女生数目 ξ 的所有可能取值是 0,1,2,3.并且

$$P(\xi=0)=\dfrac{\mathrm{C}_5^3}{\mathrm{C}_8^3}=\dfrac{5}{28},\ P(\xi=1)=\dfrac{\mathrm{C}_5^2\mathrm{C}_3^1}{\mathrm{C}_8^3}=\dfrac{15}{28},$$

$$P(\xi=2)=\dfrac{\mathrm{C}_5^1\mathrm{C}_3^2}{\mathrm{C}_8^3}=\dfrac{15}{56},P(\xi=3)=\dfrac{\mathrm{C}_5^0\mathrm{C}_3^3}{\mathrm{C}_8^3}=\dfrac{1}{56}.$$

所以,所选 3 个人中女生的数目 ξ 的概率分布为

ξ	0	1	2	3
P	$\dfrac{5}{28}$	$\dfrac{15}{28}$	$\dfrac{15}{56}$	$\dfrac{1}{56}$

11.(1)设事件 $A=\{$恰有一个红球$\}$,则 $P(A)=\dfrac{\mathrm{C}_3^1\mathrm{C}_5^1}{\mathrm{C}_8^2}=\dfrac{15}{28}.$

(2)随机变量 ξ 的所有可能取值是 0,1,2.并且

$$P\{\xi=0\}=\dfrac{\mathrm{C}_3^0\mathrm{C}_5^2}{\mathrm{C}_8^2}=\dfrac{5}{14},$$

$$P\{\xi=1\}=\dfrac{\mathrm{C}_3^1\mathrm{C}_5^1}{\mathrm{C}_8^2}=\dfrac{15}{28},$$

$$P\{\xi=2\}=\frac{C_3^2 C_5^0}{C_8^3}=\frac{3}{28}.$$

则取到红球个数 ξ 的概率分布为

ξ	0	1	2
P	$\frac{5}{14}$	$\frac{15}{28}$	$\frac{3}{28}$

12.(1)随机变量 ξ 的所有可能取值是 $0,1,2,3$. 并且

$$P\{\xi=0\}=\frac{C_4^0 C_6^3}{C_{10}^3}=\frac{1}{6}, P\{\xi=1\}=\frac{C_4^1 C_6^2}{C_{10}^3}=\frac{1}{2},$$

$$P\{\xi=2\}=\frac{C_4^2 C_6^1}{C_{10}^3}=\frac{3}{10}, P\{\xi=3\}=\frac{C_4^3 C_6^0}{C_{10}^3}=\frac{1}{30}.$$

则取到红球的数目 ξ 的概率分布为

ξ	0	1	2	3
P	$\frac{1}{6}$	$\frac{1}{2}$	$\frac{3}{10}$	$\frac{1}{30}$

(2) $P\{\xi\geqslant 2\}=P\{\xi=2\}+P\{\xi=3\}=\frac{3}{10}+\frac{1}{30}=\frac{1}{3}.$

3.4 二项分布

课堂小测试答案

一、选择题

1. D. 2. D. 3. B. 4. A. 5. C. 6. B.

二、填空题

7. 0.432. 8. $\frac{5}{36}$. 9. 0.9. 10. 0.384.

三、解答题

11. 设 $A=\{$射手射击 1 次击中目标$\}$,则 $P(A)=0.9$.

所以他射击 4 次恰好击中 3 次的概率是:

$P_4(3)=C_4^3 \cdot 0.9^3 \cdot (1-0.9)^{4-3}=0.072\ 9.$

12. 有放回地抽取 3 次相当于做了 3 次独立重复试验.

设 $A=\{$抽取一次为红球$\}$,则 $P(A)=\frac{2}{3}.$

(1)所取过的 3 个球中恰好有 2 个红球的概率为: $P_3(2)=C_3^2 \cdot \left(\frac{2}{3}\right)^2 \cdot$

$\left(1-\frac{2}{3}\right)^{3-2}=\frac{4}{9}.$

(2)3次中至少有2次取到红球是"恰好有2次取到红球"与"3次全部都取到红球"的和事件，所以2次中至少有2次取到红球的概率为：

$$P = C_3^2 \cdot \left(\frac{2}{3}\right)^2 \cdot \left(1-\frac{2}{3}\right)^{3-2} + C_3^3 \cdot \left(\frac{2}{3}\right)^3 \cdot \left(1-\frac{2}{3}\right)^{3-3} = \frac{4}{9} + \frac{4}{27} = \frac{20}{27}.$$

13. 设 $A=\{$一个投保人能活到70岁$\}$，则 $\bar{A}=\{$一个投保人活不到70岁$\}$. 于是 $P(A)=0.6$, $P(\bar{A})=1-0.6=0.4$. 随机变量 ξ 的所有可能取值为 $0, 1, 2, 3$. 并且

$P\{\xi=0\} = C_3^0 \cdot 0.6^0 \cdot (1-0.6)^3 = 0.064$,

$P\{\xi=1\} = C_3^1 \cdot 0.6^1 \cdot (1-0.6)^2 = 0.288$,

$P\{\xi=2\} = C_3^2 \cdot 0.6^2 \cdot (1-0.6)^1 = 0.432$,

$P\{\xi=3\} = C_3^3 \cdot 0.6^3 \cdot (1-0.6)^0 = 0.216$.

所以 ξ 的概率分布为

ξ	0	1	2	3
P	0.064	0.288	0.432	0.216

第3章 章节测试答案

一、选择题

1. B.　2. C.　3. B.　4. B.　5. C.　6. A.　7. B.　8. C.　9. D.　10. C.　11. A.

12. D.　13. B.　14. C.　15. D.

二、填空题

16. 380.　17. 2或6.　18. $\frac{1}{4}$.　19. 120.　20. 20.　21. 6.　22. 8.　23. $\frac{1}{12}$.

24. 31.　25. 1.

三、解答题

26. 没有女技术员入选的概率为 $\frac{C_4^4}{C_7^4} = \frac{1}{35}$.

所以至少有一名女技术员入选的概率为：$1 - \frac{1}{35} = \frac{34}{35}$.

27. (1)不同的抽取方法总数为从50件产品中取出3件的组合数：

$C_{50}^3 = \frac{50 \times 49 \times 48}{3 \times 2 \times 1} = 19\,600$.

(2)分两步完成：第一步从2件次品中抽出1件，第二步从48件正品中抽出2件，由分步计数原理知，恰有1件次品的不同抽取方法种数为：$C_2^1 C_{48}^2 = 2 \times \frac{48 \times 47}{2 \times 1} = 2\,256$.

(3)从任意抽取不同的 3 件产品中的抽取方法总数中,减去 3 件全是正品的抽取方法就是至少有 1 件是次品的不同抽取方法种数,即:$C_{50}^3 - C_{48}^3 = 19\,600 - 17\,296 = 2\,304$.

28. (1)全部排成一排共有 $P_7^7 = 5\,040$(种)不同排法.

    (2)甲教师站在中间有 $P_6^6 = 720$(种)不同排法.

    (3)任何 2 名教师不相邻有 $P_4^4 P_5^3 = 1\,440$(种)不同排法.

29. (1) $T_6 = T_{5+1} = C_n^5 \cdot (\sqrt{x})^{n-5} \cdot \left(-\dfrac{1}{\sqrt{x}}\right)^5 = -C_n^5 \cdot x^{\frac{n}{2}-5}$.

    令 $\dfrac{n}{2} - 5 = 0$,得 $n = 10$.

    (2)由(1)知 $n = 10$,$\left(\sqrt{x} - \dfrac{1}{\sqrt{x}}\right)^{10}$ 的展开式中,$T_{m+1} = C_{10}^m \cdot (\sqrt{x})^{10-m} \cdot \left(-\dfrac{1}{\sqrt{x}}\right)^m = (-1)^m C_{10}^m \cdot x^{5-m}$.

    令 $5 - m = 2$,得 $m = 3$.

    所以展开式中含 x^2 的项是第 4 项,即 $T_4 = T_{3+1} = -C_{10}^3 x^2 = -120\,x^2$.

    (3)由(1)知 $n = 10$ 为偶数,所以二项展开式中二项式系数最大的是第 6 项,即 $T_6 = T_{5+1} = (-1)^5 C_{10}^5 x^{5-5} = -252$.

30. (1)设 $A = \{$甲摸中红球$\}$,则 $P(A) = \dfrac{C_2^1}{C_{10}^1} = \dfrac{1}{5}$.

    (2)设 $B = \{$甲、乙都摸中红球$\}$,则 $P(B) = \dfrac{C_2^1 \cdot C_1^1}{C_{10}^1 \cdot C_9^1} = \dfrac{1}{45}$.

    (3)设 $C = \{$乙摸中红球$\}$,则 $P(C) = \dfrac{C_8^1 \cdot C_2^1 + C_2^1 \cdot C_1^1}{C_{10}^1 \cdot C_9^1} = \dfrac{1}{5}$.

31. (1)设 $A = \{$从中任取一件为二等品$\}$,则 $P(A) = \dfrac{2}{5}$.

    (2)随机变量 ξ 的所有可能取值为 $0, 1, 2, 3$. 并且

    $P\{\xi = 0\} = C_3^0 \cdot \left(\dfrac{2}{5}\right)^0 \cdot \left(\dfrac{3}{5}\right)^3 = \dfrac{27}{125}$; $P(\xi = 1) = C_3^1 \cdot \left(\dfrac{2}{5}\right)^1 \cdot \left(\dfrac{3}{5}\right)^2 = \dfrac{54}{125}$;

    $P\{\xi = 2\} = C_3^2 \cdot \left(\dfrac{2}{5}\right)^2 \cdot \left(\dfrac{3}{5}\right)^1 = \dfrac{36}{125}$; $P(\xi = 3) = C_3^3 \cdot \left(\dfrac{2}{5}\right)^3 \cdot \left(\dfrac{3}{5}\right)^0 = \dfrac{8}{125}$.

    所以 ξ 的概率分布为

ξ	0	1	2	3
P	$\dfrac{27}{125}$	$\dfrac{54}{125}$	$\dfrac{36}{125}$	$\dfrac{8}{125}$

期末综合测试题答案

一、选择题

1. C. 2. A. 3. B. 4. C. 5. B. 6. D. 7. D. 8. D. 9. B. 10. B. 11. C.

12. B. 13. A. 14. A. 15. A.

二、填空题

16. $30°$ 或 $150°$. 17. $\dfrac{\pi}{6}$. 18. $[-\sqrt{2}, \sqrt{2}]$. 19. $\dfrac{\sqrt{3}}{2}$. 20. $\dfrac{2\pi}{3}$. 21. $y^2 = 12x$.

22. 7. 23. 24. 24. 1. 25. $(-1, 4)$. 26. 78. 27. $\dfrac{2}{5}$. 28. -1. 29. $\dfrac{3\sqrt{2}}{2}$.

30. $\left(\dfrac{1}{2}, \dfrac{5}{2}\right)$.

三、解答题

31. 由 $\sin\theta - \cos\theta = \dfrac{\sqrt{2}}{2}$,得 $(\sin\theta - \cos\theta)^2 = 1 - 2\sin\theta\cos\theta$.

所以 $1 - 2\sin\theta\cos\theta = \left(\dfrac{\sqrt{2}}{2}\right)^2 = \dfrac{1}{2}$,$2\sin\theta\cos\theta = \dfrac{1}{2} > 0$,又 $\theta \in (-\pi, 0)$,所以 $\theta \in \left(-\pi, -\dfrac{\pi}{2}\right)$.

$(\sin\theta + \cos\theta)^2 = 1 + 2\sin\theta\cos\theta = 1 + \dfrac{1}{2} = \dfrac{3}{2}$,所以 $\sin\theta + \cos\theta = -\dfrac{\sqrt{6}}{2}$.

$\sin^2\theta - \cos^2\theta = (\sin\theta + \cos\theta)(\sin\theta - \cos\theta) = -\dfrac{\sqrt{6}}{2} \times \dfrac{\sqrt{2}}{2} = -\dfrac{\sqrt{3}}{2}$.

32. 女研究员人数的所有可能取值为 $0, 1, 2, 3$. 并且

$P(\xi = 0) = \dfrac{C_3^0 \cdot C_5^3}{C_8^3} = \dfrac{5}{28}$;$P(\xi = 1) = \dfrac{C_3^1 \cdot C_5^2}{C_8^3} = \dfrac{15}{28}$;

$P(\xi = 2) = \dfrac{C_3^2 \cdot C_5^1}{C_8^3} = \dfrac{15}{56}$;$P(\xi = 3) = \dfrac{C_3^3 \cdot C_5^0}{C_8^3} = \dfrac{1}{56}$.

所选 3 个人中女研究员人数的概率分布为

ξ	0	1	2	3
P	$\dfrac{5}{28}$	$\dfrac{15}{28}$	$\dfrac{15}{56}$	$\dfrac{1}{56}$

33. $\boldsymbol{a} = (\cos\theta, -1)$,$\boldsymbol{b} = (\sin\theta, 2)$,当 $\boldsymbol{a} \parallel \boldsymbol{b}$ 时,$\dfrac{\sin\theta}{\cos\theta} = \dfrac{2}{-1} = -2$,即 $\tan\theta = -2$,所以

原式 $=\dfrac{3\cos^2\theta+2\sin 2\theta}{\sin^2\theta+\cos^2\theta}=\dfrac{3\cos^2\theta+4\sin\theta\cos\theta}{\sin^2\theta+\cos^2\theta}=\dfrac{3+4\tan\theta}{\tan^2\theta+1}=-1.$

34. (1) 抛物线的准线方程为 $4x+1=0$, 即 $x=-\dfrac{1}{4}$, 所以 $\dfrac{p}{2}=\dfrac{1}{4}$, $p=\dfrac{1}{2}$, 所以抛物线的标准方程为 $y^2=x.$

(2) 设点 Q 的坐标为 (a^2,a), 则点 Q 与点 $A(1,0)$ 的距离为 $\sqrt{(a^2-1)^2+a^2}=\sqrt{\left(a^2-\dfrac{1}{2}\right)^2+\dfrac{3}{4}}\geqslant\dfrac{\sqrt{3}}{2}.$

所以动点 Q 与点 $A(1,0)$ 的最小距离是 $\dfrac{\sqrt{3}}{2}.$

35. (1) 设 $A=\{$从中任取 1 球为白球$\}$, 则 $P(A)=\dfrac{2}{5}$;

(2) 每次取 1 球, 有放回地取 3 次, 取到白球数 ξ 的取值是 $0,1,2,3$,

$P(\xi=0)=C_3^0\left(\dfrac{2}{5}\right)^0\left(\dfrac{3}{5}\right)^3=\dfrac{27}{125}$; $P(\xi=1)=C_3^1\left(\dfrac{2}{5}\right)^1\left(\dfrac{3}{5}\right)^2=\dfrac{54}{125}$;

$P(\xi=2)=C_3^2\left(\dfrac{2}{5}\right)^2\left(\dfrac{3}{5}\right)^1=\dfrac{36}{125}$; $P(\xi=3)=C_3^3\left(\dfrac{2}{5}\right)^3\left(\dfrac{3}{5}\right)^0=\dfrac{8}{125}.$

取到白球数 ξ 的概率分布为

ξ	0	1	2	3
P	$\dfrac{27}{125}$	$\dfrac{54}{125}$	$\dfrac{36}{125}$	$\dfrac{8}{125}$

36. $y=\sqrt{3}\cos 2x+3\sin 2x$

$=2\sqrt{3}\left(\dfrac{1}{2}\cos 2x+\dfrac{\sqrt{3}}{2}\sin 2x\right)$

$=2\sqrt{3}\left(\sin\dfrac{\pi}{6}\cos 2x+\cos\dfrac{\pi}{6}\sin 2x\right)$

$=2\sqrt{3}\sin\left(2x+\dfrac{\pi}{6}\right).$

(1) 函数的值域为 $[-2\sqrt{3},2\sqrt{3}]$;

(2) 函数的最小正周期为 $T=\dfrac{2\pi}{2}=\pi$;

(3) 当 $2x+\dfrac{\pi}{6}=2k\pi+\dfrac{\pi}{2}(k\in\mathbf{Z})$, $x=k\pi+\dfrac{\pi}{6}(k\in\mathbf{Z})$ 时, 函数取最大值, 此时 x 的集合为 $\left\{x\mid x=k\pi+\dfrac{\pi}{6},k\in\mathbf{Z}\right\}.$

37. (1) 抛物线 $y^2=4x$ 的焦点为 $F_2(1,0)$, 所以椭圆的左焦点为 $F_1(-1,0)$, 直线

MN 的斜率 $k=\tan\dfrac{\pi}{4}=1$,故直线 MN 的方程为 $y=x+1$,即 $x-y+1=0$. 椭圆的焦点在 x 轴上,且 $c=1$,所以 $m=4-1=3$.因此椭圆的方程为 $\dfrac{x^2}{4}+\dfrac{y^2}{3}=1$.

知直线 MN 的方程为 $x-y+1=0$,点 $O(0,0)$ 到直线 MN 的距离 $d=\dfrac{|0-0+1|}{\sqrt{1^2+(-1)^2}}=\dfrac{\sqrt{2}}{2}$.

(2)设 M,N 的坐标分别为 $(x_1,y_1),(x_2,y_2)$,由 $\begin{cases} y=x+1, \\ \dfrac{x^2}{4}+\dfrac{y^2}{3}=1, \end{cases}$ 得 $7x^2+8x-8=0$.

由韦达定理得,$x_1+x_2=-\dfrac{8}{7}$,$x_1 x_2=-\dfrac{8}{7}$,

因此由弦长公式得 $|MN|=\sqrt{(1+1^2)}\sqrt{\left(-\dfrac{8}{7}\right)^2-4\times\left(-\dfrac{8}{7}\right)}=\dfrac{24}{7}$,所以 $S_{\triangle OMN}=\dfrac{1}{2}|MN|\cdot d=\dfrac{1}{2}\times\dfrac{24}{7}\times\dfrac{\sqrt{2}}{2}=\dfrac{6\sqrt{2}}{7}$.

综合模拟试题(一)答案

一、选择题

1.B. 2.A. 3.B. 4.B. 5.D. 6.C. 7.A. 8.B. 9.C. 10.B. 11.A. 12.B. 13.B. 14.C. 15.D.

二、填空题

16.$(1,+\infty)$. 17.$-\sqrt{3}$. 18.9 cm. 19.$\dfrac{2}{7}$. 20.256. 21.26. 22.$\left[0,\dfrac{3\sqrt{2}}{4}\right]$.

23.$\sin\dfrac{\alpha}{4}$. 24.$\left(\dfrac{3}{5},-\dfrac{4}{5}\right),\left(-\dfrac{3}{5},\dfrac{4}{5}\right)$. 25.$[2,+\infty)$. 26.$\dfrac{2}{3}$. 27.56.

28.$4x-3y+25=0$. 29.$120°$. 30.$(-\infty,-2]\cup[4,+\infty)$.

三、解答题

31.由 $A\cup B=A$,$A\cap B=\{-1\}$,得 $B=\{-1\}$,即 $B=\{x|x^2+mx+n=0\}$ 中有一个元素 -1,即方程有两个相等的实数根 -1.由韦达定理得,$m=-2$,$n=1$.

32.(1)由题意得,$\sin x\neq 0$,所以 $x\neq k\pi,k\in\mathbf{Z}$,所以函数的定义域为 $\{x|x\neq k\pi,k\in\mathbf{Z}\}$;(2)由已知得,$f(x)=\dfrac{(\sin x-\cos x)\cdot\sin 2x}{\sin x}=\sqrt{2}\sin\left(2x-\dfrac{\pi}{4}\right)-1$,所以周期为 $T=\pi$;(3)当 $2k\pi-\dfrac{\pi}{2}<2x-\dfrac{\pi}{4}<2k\pi+\dfrac{\pi}{2}$,$k\in\mathbf{Z}$ 时函数为增函数,即 $k\pi-\dfrac{\pi}{8}<$

$x < k\pi + \frac{3\pi}{8}, k \in \mathbf{Z}$，又因为 $x \neq k\pi, k \in \mathbf{Z}$，所以函数的单调增区间为 $\left(k\pi - \frac{\pi}{8}, k\pi\right)$，$\left(k\pi, k\pi + \frac{3\pi}{8}\right) k \in \mathbf{Z}$.

33.（1）设用随机变量 ξ 表示取到的白球数，ξ 的所有可能取值为 0，1，2. $P\{\xi=0\} = \frac{C_8^2}{C_{10}^2} = \frac{28}{45}$；$P\{\xi=1\} = \frac{C_8^1 C_2^1}{C_{10}^2} = \frac{16}{45}$；$P\{\xi=2\} = \frac{C_2^2}{C_{10}^2} = \frac{1}{45}$，所以 ξ 的概率分布为

ξ	0	1	2
P	$\frac{28}{45}$	$\frac{16}{45}$	$\frac{1}{45}$

（2）$A=\{$任意抽取 1 次，取到白球$\}$，$P(A) = \frac{2}{10} = \frac{1}{5}$，$P(\overline{A}) = \frac{4}{5}$，所以出现白球的概率 $P = 1 - C_2^0 \left(\frac{1}{5}\right)^0 \left(\frac{4}{5}\right)^2 = \frac{9}{25}$.

34.（1）由题意得，$a_4^2 = a_2 a_8$，所以有 $(a_1+3d)^2 = (a_1+d)(a_1+7d)$，整理得 $d^2 = a_1 d$，因为 d 不为零，所以 $d = a_1 = 1$，所以数列的通项公式 $a_n = n$.

（2）设 $b_n = 3^{a_n} = 3^n$，因为 $\frac{b_{n+1}}{b_n} = \frac{3^{n+1}}{3^n} = 3$，且 $b_1 = 3$，所以数列是以 3 为首项，以 3 为公比的等比数列，故前 n 项和 $T_n = \frac{3(1-3^n)}{1-3} = \frac{3^{n+1}-3}{2}$.

35. 设每床每夜提高租金 x 个 2 元，则可租出 $(100-10x)$ 张客床，获得利润 y 元，依题意得，$y = (10+2x)(100-10x)$，即 $y = -20\left(x - \frac{5}{2}\right)^2 + 1\,125$，因为 $x \in \mathbf{N}$，所以 $x=2$ 或 $x=3$ 时，$y_{\max} = 1\,120$（元）. 当 $x=2$ 时，需租出床 80 张；当 $x=3$ 时，需租出床 70 张，因为要求投资少租金多，故取 $x=3$，即每床每夜提高租金 6 元时，获得租金最高.

36. 由题意可得，将 $y=2x+b$ 代入 $y^2 = 4x$，整理得 $4x^2 + (4b-4)x + b^2 = 0$，由弦长公式 $|AB| = \sqrt{(1+k^2)} \sqrt{(x_1+x_2)^2 - 4x_1 x_2} = 3\sqrt{5}$，得 $b = -4$，故直线方程为 $y = 2x-4$，即 $2x-y-4=0$. 因为 P 在抛物线 $y^2 = 4x$ 上，设点 P 的坐标为 $\left(\frac{y^2}{4}, y\right)$，所以由 $S_{\triangle PAB} = \frac{1}{2} |AB| d = 30$，得 $d = 20\sqrt{5}$，即 $\frac{\left|\frac{y^2}{4} - y - 4\right|}{\sqrt{5}} = 20\sqrt{5}$，可得 $y_1 = 8$，$y_2 = -6$，故点 P 的坐标为 $(16, 8)$ 或 $(9, -6)$.

37.（1）证明：因为四边形 $ABCD$ 为正方形，所以 $BC \perp CD$. 因为平面 $PDC \perp$ 平面 $ABCD$ 且交于 CD，所以 $BC \perp$ 平面 PDC. 因为 $DE \subseteq$ 平面 PDC，所以 $BC \perp DE$.

因为三角形 PDC 为等边三角形,且 E 为 PC 的中点,所以 $DE \perp PC$. 因为 $PC \cap BC = C, BC、PC \subseteq$ 平面 PBC,所以 $DE \perp$ 平面 PBC. 因为 $DE \subseteq$ 平面 BDE,所以平面 $BDE \perp$ 平面 PBC.

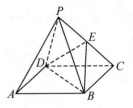

(2)由(1)知 $DE \perp$ 平面 PBC, BE、$EC \subseteq$ 平面 PBC,所以 $DE \perp BE$, $DE \perp EC$,所以 $\angle BEC$ 是二面角 B-DE-C 的平面角. 由已知得 $BC = 2EC$,所以 $\tan \angle BEC = 2$.

数学模拟试题(二)答案

一、选择题

1. A.   2. C.   3. C.   4. B.   5. B.   6. D.   7. C.   8. B.   9. C.   10. B.   11. C.
12. B.   13. D.   14. C.   15. C.

二、填空题

16. 11.   17. $(-3, -2] \cup [2, +\infty)$.   18. $(-2, -1)$.   19. -1.

20. $\log_{0.2} 3 < 0.2^3 < 3^{0.2}$.   21. $1-x$.   22. 3.   23. $30°$.   24. -4.   25. $180°$.

26. $\left(7, -\dfrac{5}{2}\right)$.   27. 2.   28. $(4, 2)$.   29. $120°$.   30. $\dfrac{5}{7}$.

三、解答题

31. 由已知得,$\begin{cases} a^2 - 2a - 3 = 0, \\ |a| = 3. \end{cases}$ 解得 $\begin{cases} a = 3 \text{ 或 } a = -1, \\ a = 3 \text{ 或 } a = -3. \end{cases}$

因此 $a = 3$.

32. 设鸡蛋的价格每斤降价 $0.1x$ 元,则此时养鸡场每天的利润为:

$$y = (5 - 3 - 0.1x)(800 + 100x) = -10x^2 + 120x + 1\,600.$$

因为二次项系数小于零,所以当 $x = -\dfrac{b}{2a} = -\dfrac{120}{2 \times (-10)} = 6$ 时,利润最大.

即鸡蛋的价格每斤下降 6 角时利润最大,此时鸡蛋价格为每斤 4.4 元,每天可销售 1 400 斤,最大利润为 $(4.4 - 3) \times 1\,400 = 1\,960$(元).

33. (1)由 a_2、a_4、a_8 成等比数列,可得 $(1+d)(1+7d) = (1+3d)^2$,化简得 $d(1-d) = 0$. 因为 $d \neq 0$,所以 $d = 1$.

因此 $a_n = 1 + (n-1) \times 1 = n$.

(2)$\{3^{a_n}\}$ 的通项公式为 $b_n = 3^n$. 因为 $\dfrac{b_{n+1}}{b_n} = \dfrac{3^{n+1}}{3^n} = 3$,所以 $\{3^{a_n}\}$ 是公比为 3 的等比数列,$S_n = \dfrac{a_1(1-q^n)}{1-q} = \dfrac{3 \times (1-3^n)}{1-3} = \dfrac{3}{2}(3^n - 1)$.

34. (1) $f(x) = \boldsymbol{a} \cdot \boldsymbol{b} = \sin x \cos x + \sqrt{3}\cos^2 x$

$= \dfrac{1}{2}\sin 2x + \dfrac{\sqrt{3}}{2}\cos 2x + \dfrac{\sqrt{3}}{2}$

$= \sin\left(2x + \dfrac{\pi}{3}\right) + \dfrac{\sqrt{3}}{2}.$

$T = \pi$,最小值为 $\dfrac{\sqrt{3}}{2} - 1$.

(2) 由 $-\dfrac{\pi}{2} + 2k\pi \leqslant 2x + \dfrac{\pi}{3} \leqslant \dfrac{\pi}{2} + 2k\pi$,得 $-\dfrac{5\pi}{12} + k\pi \leqslant x \leqslant \dfrac{\pi}{12} + k\pi$.

所以此函数的增区间为 $\left[-\dfrac{5\pi}{12} + k\pi, \dfrac{\pi}{12} + k\pi\right](k \in \mathbf{Z})$.

35. 随机变量 ξ 的可能取值为 $0,1,2,3$. 相应的概率依次为:

$P\{\xi = 0\} = \dfrac{C_4^0 C_6^3}{C_{10}^3} = \dfrac{1}{6}$; $P\{\xi = 1\} = \dfrac{C_4^1 C_6^2}{C_{10}^3} = \dfrac{1}{2}$; $P\{\xi = 2\} = \dfrac{C_4^2 C_6^1}{C_{10}^3} = \dfrac{3}{10}$; $P\{\xi = 3\} = \dfrac{C_4^3 C_6^0}{C_{10}^3} = \dfrac{1}{30}$.

所以 ξ 的概率分布为

ξ	0	1	2	3
P	$\dfrac{1}{6}$	$\dfrac{1}{2}$	$\dfrac{3}{10}$	$\dfrac{1}{30}$

(2) $P\{\xi \geqslant 2\} = P\{\xi = 2\} + P\{\xi = 3\} = \dfrac{3}{10} + \dfrac{1}{30} = \dfrac{1}{3}$.

36. (1) 设 $A(x_1, y_1)$、$B(x_2, y_2)$.

$\begin{cases} 2x^2 + y^2 = 2, & ① \\ y = x + m. & ② \end{cases}$

把式②代入式①,整理得 $3x^2 + 2mx + m^2 - 2 = 0$.

$x_1 + x_2 = -\dfrac{2m}{3}, x_1 x_2 = \dfrac{m^2 - 2}{3}.$

由 $|AB| = \dfrac{4\sqrt{3}}{3}$ 得

$\sqrt{(1 + 1^2)\left[\left(-\dfrac{2m}{3}\right)^2 - 4 \times \dfrac{m^2 - 2}{3}\right]} = \dfrac{4\sqrt{3}}{3}$,解得 $m = 0$.

所以直线方程为 $y = x$.

(2) 因为 $m = 0$,所以 AB 中点的横坐标为 $x = \dfrac{x_1 + x_2}{2} = 0$. 把 $x = 0$ 代入直线方程

$y=x$ 得中点的纵坐标为 $y=0$,所以所求圆的圆心为 $(0,0)$,半径 $x=\frac{|AB|}{2}=\frac{2\sqrt{3}}{3}$.

圆的方程为 $x^2+y^2=\frac{4}{3}$.

37.(1)证明:取 PC 的中点 F,连接 EF、FB.

因为 E、F 分别为 PD 和 PC 的中点,所以 $EF/\!/CD$,且 $EF=\frac{1}{2}CD$.

由已知可知,$AB/\!/CD$,且 $AB=\frac{1}{2}CD$,

所以 $EF/\!/AB$,且 $EF=AB$.

所以四边形 $ABFE$ 为平行四边形,所以 $BF/\!/AE$.

又因为 AE 不在平面 PBC 内,BF 在平面 PBC 内,所以 $AE/\!/$ 平面 PBC.

(2)取 BC 得中点 O,连接 PO、AO.

因为 $AB\perp$ 平面 PBC,所以 $AB\perp PO$.

因为 $\triangle PBC$ 为等边三角形,O 为 BC 的中点,所以 $PO\perp BC$.

所以 $PO\perp$ 平面 $ABCD$.

PA 在平面 $ABCD$ 内的射影为 OA,所以 $\angle PAO$ 为 PA 与平面 $ABCD$ 所成的角.

设 $AB=m$ 在 $\triangle PBC$ 中,$PO=\sqrt{PB^2-BO^2}=\frac{\sqrt{3}m}{2}$,在 $\triangle ABO$ 中,$AO=\sqrt{AB^2+BO^2}=\frac{\sqrt{5}m}{2}$,所以 $\tan\angle PAO=\frac{PO}{AO}=\frac{\sqrt{15}}{5}$.

综合模拟测试题(三)答案

一、选择题

1.D. 2.D. 3.C. 4.C. 5.B. 6.D. 7.A. 8.B. 9.B. 10.B. 11.A. 12.D. 13.B. 14.D. 15.B.

二、填空题

16.-5. 17.$(2,3)$. 18.2 010. 19.$(0,1)$. 20.1. 21.39. 22.1. 23.二.

24.$x-y+5=0$. 25.$(2,\pm 4\sqrt{2})$. 26.2. 27.$\frac{\sqrt{2}}{2}$. 28.$60°$. 29.6 或 2.

30.$\frac{2}{5}$.

三、解答题

31. 由已知得，$\begin{cases} a^2+2a-16=-8, \\ |a|=2. \end{cases}$ 解得 $a=2$.

32. **解法一** 设每辆车的月租金提高 x 个 50 元，则租出的汽车为 $(100-x)$ 辆，此时汽车租赁公司的月收益为 y 元，依题意得，$y=(2\,000+50x)(100-x)-100x$，

整理得 $y=-50x^2+2\,900x+200\,000$.

当 $x=-\dfrac{2\,900}{2\times(-50)}=29$ 时，$y_{max}=242\,050$，$2\,000+50x=2\,000+1\,450=3\,450$（元）.

答：当每辆车的月租金为 $3\,450$ 元时，汽车租赁公司的月收益最大，最大月收益是 $242\,050$ 元.

解法二 设每辆车的月租金为 x 元，则租出的汽车为 $100-\dfrac{x-2\,000}{50}$ 辆，此时汽车租赁公司的月收益为 y 元，依题意得：$y=x\left(100-\dfrac{x-2\,000}{50}\right)-100\times\dfrac{x-2\,000}{50}$. 整理得 $y=-\dfrac{x^2}{50}+138x+400=-\dfrac{1}{50}(x-3\,450)^2+242\,050$.

所以当 $x=3\,450$ 时，$y_{max}=242\,050$.

答：当每辆车的月租金为 $3\,450$ 元时，汽车租赁公司的月收益最大，最大月收益是 $242\,050$ 元.

33. (1) 由 $a_5+a_7=26$，得 $a_6=13$，又因为 $a_3=7$，列方程组得 $\begin{cases} a_6=a_1+5d=13, \\ a_3=a_1+2d=7. \end{cases}$ 解得 $a_1=3,d=2$.

所以 $a_n=3+(n-1)\times 2=2n+1$.

(2) 由已知得，$b_n=\dfrac{1}{a_n^2-1}=\dfrac{1}{(a_n-1)(a_n+1)}=\dfrac{1}{2n(2n+2)}$，

所以 $T_n=b_1+b_2+b_3+\cdots+b_n=\dfrac{1}{2\times 4}+\dfrac{1}{4\times 6}+\dfrac{1}{6\times 8}+\cdots+\dfrac{1}{2n(2n+2)}$

$=\dfrac{1}{2}\times\left(\dfrac{1}{2}-\dfrac{1}{4}+\dfrac{1}{4}-\dfrac{1}{6}+\dfrac{1}{6}-\dfrac{1}{8}+\cdots+\dfrac{1}{2n}-\dfrac{1}{2n+2}\right)$

$=\dfrac{1}{2}\times\left(\dfrac{1}{2}-\dfrac{1}{2n+2}\right)=\dfrac{n}{4n+4}$.

34. (1) $f(x) = \cos\left(2x - \dfrac{\pi}{3}\right) - 2\sin\left(\dfrac{\pi}{4} - x\right)\cos\left(x - \dfrac{\pi}{4}\right)$

$= \cos 2x \sin\dfrac{\pi}{3} + \sin 2x \cos\dfrac{\pi}{3} - 2\sin\left(\dfrac{\pi}{4} - x\right)\cos\left(\dfrac{\pi}{4} - x\right)$

$= \dfrac{\sqrt{3}}{2}\cos 2x + \dfrac{1}{2}\sin 2x - \sin\left(\dfrac{\pi}{2} - 2x\right)$

$= \dfrac{\sqrt{3}}{2}\cos 2x + \dfrac{1}{2}\sin 2x - \sin 2x$

$= \dfrac{\sqrt{3}}{2}\cos 2x - \dfrac{1}{2}\sin 2x$

$= -2\sin\left(2x - \dfrac{\pi}{3}\right)$.

所以函数 $f(x) = -2\sin\left(2x - \dfrac{\pi}{3}\right)$.

(2)函数 $f(x)$ 的最小正周期为 π;

(3)令 $2x - \dfrac{\pi}{3} = -\dfrac{\pi}{2} + 2k\pi(k \in \mathbf{Z})$,解得 $x = \dfrac{\pi}{12} + k\pi(k \in \mathbf{Z})$. 所以函数 $f(x)$ 的最大值为 2,此时自变量 x 的集合为 $\left\{x \mid x = \dfrac{\pi}{12} + k\pi, (k \in \mathbf{Z})\right\}$.

35. (1)由 $x^2 + y^2 + 4x = 0$,得 $(x+2)^2 + y^2 = 4$,所以圆心为 $(-2, 0)$,由直线的斜角为 $\dfrac{\pi}{4}$,可得 $k = \tan\dfrac{\pi}{4} = 1$,所以直线方程为 $y = x + 2$,即 $x - y + 2 = 0$. 以圆心 $(-2, 0)$ 为焦点的抛物线方程为 $y^2 = -8x$.

(2)设 $A(x_1, y_1)$、$B(x_2, y_2)$,列方程组:$\begin{cases} y = x + 2, \\ y^2 = -8x. \end{cases}$ 将 $y = x + 2$ 代入 $y^2 = -8x$,

整理得 $x^2 + 12x + 4 = 0$,所以 $x_1 + x_2 = -12, x_1 x_2 = 4$.

所以 $|AB| = \sqrt{(k^2 + 1)} \times \sqrt{(x_1 + x_2)^2 - 4x_1 x_2} = \sqrt{2} \times \sqrt{144 - 16} = 16$.

36. 女研究员人数 ξ 所有可能取值为 $0, 1, 2$.

$P\{\xi = 0\} = \dfrac{C_2^0 C_4^2}{C_6^2} = \dfrac{2}{5}$;$P\{\xi = 1\} = \dfrac{C_2^1 C_4^1}{C_6^2} = \dfrac{8}{15}$;$P\{\xi = 2\} = \dfrac{C_2^2 C_4^0}{C_6^2} = \dfrac{1}{15}$.

所以女研究员人数 ξ 的概率分布为

ξ	0	1	2
P	$\dfrac{2}{5}$	$\dfrac{8}{15}$	$\dfrac{1}{15}$

37. (1)证明:因为D是等腰Rt△ABC斜边BC的中点,所以AD⊥BC.

因为PC⊥平面ABC,AD⊆平面ABC,所以PC⊥AD,所以PC与BC在平面PBC内相交,从而AD⊥平面PBC.

(2)连接AE,由(1)可知AD⊥平面PBC,

又因为PB⊆平面PBC,DE⊆平面PBC,

所以AD⊥PB,AD⊥DE,则△ADE是直角三角形.

又因为DE⊥PB,AD与DE在平面ADE内相交,

所以PB⊥平面ADE,则PB⊥AE,∠AED是二面角A-PB-C的一个平面角.

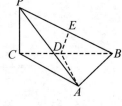

在Rt△ADE中,$AD=\dfrac{BC}{2}=1, DE=\dfrac{\sqrt{3}}{3}$,则$\tan\angle AED=\dfrac{AD}{DE}=\sqrt{3}$.

所以∠AED=60°,即二面角A-PB-C的大小为60°.